INHALT

Einleitung   7

I.   DIE LEIBLICHEN WERKE
      DER BARMHERZIGKEIT   27

1.   Hungrige speisen   29

2.   Durstige tränken   36

3.   Nackte bekleiden   44

4.   Fremde beherbergen   51

5.   Gefangene erlösen   61

6.   Kranke besuchen   69

7.   Tote begraben   79

II.   DIE GEISTIGEN WERKE
      DER BARMHERZIGKEIT   89

1.   Irrende zurechtweisen   91

2.   Unwissende lehren   99

3.   Zweifelnden recht raten   106

4.   Trauernde trösten   114

5.   Lästige geduldig ertragen   123

6. Denen, die uns beleidigen,
   gern verzeihen   131

7. Für Lebende und Tote beten   140

Schluss   151

Literatur   157

Register   158

Anselm Grün

Damit die Welt verwandelt wird

Die sieben Werke
der Barmherzigkeit

Mosaik bei
GOLDMANN

Alle Ratschläge in diesem Buch wurden vom Autor und vom Verlag sorgfältig erwogen und geprüft. Eine Garantie kann dennoch nicht übernommen werden. Eine Haftung des Autors beziehungsweise des Verlags und seiner Beauftragten für Personen-, Sach- und Vermögensschäden ist daher ausgeschlossen.

MIX
Papier aus verantwor-
tungsvollen Quellen
FSC® C014496

Verlagsgruppe Random House FSC-DEU-0100
Das für dieses Buch verwendete FSC®-zertifizierte Papier
Classic 95 liefert Stora Enso, Finnland.

1. Auflage
Vollständige Taschenbuchausgabe März 2011
Wilhelm Goldmann Verlag, München,
in der Verlagsgruppe Random House GmbH
© 2008 Gütersloher Verlagshaus, Gütersloh,
in der Verlagsgruppe Random House GmbH
Umschlaggestaltung: Uno Werbeagentur, München
Umschlagfoto: Picture Alliance
Satz: Uhl + Massopust, Aalen
Druck und Bindung: GGP, Media GmbH, Pößneck
KW · Herstellung: IH
Printed in Germany
ISBN 978-3-442-17203-0

www.mosaik-goldmann.de

Der biblische Text, auf den die sieben Werke der Barmherzigkeit zurückgehen, ist die große Gerichtsrede Jesu im Matthäusevangelium (Matthäus 25,31–46). Jesus spricht da von sich als dem Menschensohn und als dem König. Er wird beim letzten Gericht die Menschen aus aller Welt zusammenrufen und sie voneinander scheiden. Zu denen, die er in seine Herrlichkeit einlädt, wird er sprechen: »Kommt her, die ihr von meinem Vater gesegnet seid, nehmt das Reich in Besitz, das seit der Erschaffung der Welt für euch bestimmt ist. Denn ich war hungrig, und ihr habt mir zu essen gegeben; ich war durstig, und ihr habt mir zu trinken gegeben; ich war fremd und obdachlos, und ihr habt mich aufgenommen; ich war nackt, und ihr habt mir Kleidung gegeben; ich war krank, und ihr habt mich besucht; ich war im Gefängnis, und ihr seid zu mir gekommen.« (Matthäus 25,34–36) Matthäus nennt die, die diese Liebeswerke vollbracht haben, Gerechte. Die Gerechten wundern sich nicht darüber, dass sie diese guten Werke für die Menschen getan haben, sondern darüber, dass sie Christus gespeist, getränkt, besucht und gekleidet haben. Sie haben nur den konkreten Menschen gesehen, aber nicht Christus. Doch Jesus antwortet ihnen: »Amen, ich sage euch: Was ihr für einen meiner geringsten Brüder getan habt, das habt ihr mir getan.« (Matthäus 25,40) Jesus identifiziert sich mit den Hungrigen, Durstigen, Fremden, Nackten, Kranken und Gefangenen.

Dieser Text hat seit jeher die Christen bewegt. Er wurde als *die* Zusammenfassung des ganzen Evangeliums bezeichnet. Jesus beurteilt unser Christsein an unserem Verhalten gegenüber dem Nächsten. Am Ende unseres Lebens wird es darauf ankommen, wie wir unseren Mitmenschen begegnet sind und wie wir sie behandelt haben. Aber Jesus spricht hier nicht moralisierend. Vielmehr geht es in unserem Verhalten zum Nächsten um unsere Beziehung zu Jesus Christus, um die entscheidende Wirklichkeit unseres Glaubens. Auch wenn wir nicht darum wissen, so tun wir das, was wir dem Nächsten tun, letztlich Christus. Für Immanuel Kant war an diesem Text vor allem wichtig, dass wir die Liebe um ihrer selbst willen tun, und nicht, um Lohn davon zu erwarten. Die Befreiungstheologie hat diesen Text ins

Zentrum ihrer Botschaft gestellt. G. Gutièrrez sieht diesen Text als Beweis, dass am Sakrament des Nächsten vorbei kein Weg zu Gott führt: »Denn die Liebe zu Gott kann nicht anders, als sich in der Liebe zum Nächsten ausdrücken.« (zit. Luz 523, Gutièrrez, Theologie der Befreiung, 186)

Die Rede Jesu spielt vor allem auch im Dialog mit anderen Religionen eine wichtige Rolle. Die Liste von Liebeswerken, die Jesus von seinen Jüngern fordert, finden wir auch in anderen Religionen und ihren Texten, etwa im ägyptischen Totenbuch, in altbuddhistischen Texten und bei Ovid. Die Menschen wissen gar nicht, dass sie Christus im Mitmenschen dienen. »Die Norm, nach der der Menschensohn in 25,31–46 die Menschen richtet, scheint nichts mit einer besonderen Religion zu tun zu haben; sie ist universal.« (Luz 524) Paul Tillich sieht in Matthäus 25 einen Text, der »das Bild Jesu von einem Partikularismus befreit, welcher ihn zum Besitz einer bestimmten Religion machen würde«. (Ebd 524, Tillich Werke V, 66f.) Auch wenn wir Paul Tillich nicht folgen, so öffnet dieser Text die Botschaft Jesu dennoch für alle Menschen in allen Religionen. Wie wir uns dem Menschen gegenüber verhalten, darin wird letztlich unsere Beziehung zu Jesus Christus sichtbar, ganz gleich ob wir an Christus glauben oder nicht, ganz gleich ob wir im Bruder oder in der Schwester Christus erkennen oder nicht.

Schon die frühe Kirche hat die sechs Werke, die Jesus hier aufzählt, um das siebte Werk, die Bestattung der Toten, erweitert. Lactantius, der sprachgewaltige Prediger, hat zu Beginn des 4. Jahrhunderts diese Erweiterung im Blick auf die Stelle im Buch Tobit (Tobit 1,17) vollzogen. Er wusste noch – wie die gesamte frühe Kirche –, dass die Aufzählung der guten Werke einen biblischen Hintergrund hat. Gott fordert schon im Alten Testament die Menschen auf, dem Nächsten Barmherzigkeit zu erweisen. So verlangt Gott beim Propheten Jesaja statt des äußeren Fastens: »Das ist ein Fasten, wie ich es liebe: die Fesseln des Unrechts zu lösen, die Stricke des Jochs zu entfernen, die Versklavten freizulassen, jedes Joch zu zerbrechen, an die Hungrigen dein Brot auszuteilen, die obdachlosen Armen ins Haus aufzunehmen, wenn du einen Nackten siehst, ihn zu bekleiden und dich deinen Verwandten nicht zu entziehen.« (Jesaja 58,6f.) In der jüdischen Auslegung der alttestamentlichen Texte, im Talmud, wird der Mensch immer wieder aufgerufen, Gott zu folgen, der die Kranken besucht (Abraham bei Mamre) und die Nackten bekleidet (Adam) und die Toten bestattet (Mose). Die rabbinische Theologie unterscheidet »Liebeswerke« von den Almosen. Almosen beziehen sich auf Geldleistungen. Liebeswerke sind dagegen Taten, die den ganzen Einsatz der Person fordern. Nach einem jüdischen Text ruht die Welt auf drei Säulen, der Torah, dem Kult und den Liebeswerken. Und an den Liebeswerken entscheidet sich auch, ob der fromme Jude das Gericht besteht.

Schon Origenes hat die Werke der Barmherzigkeit nicht nur rein äußerlich verstanden, sondern sie spirituell ausgelegt. Die Hungernden speisen wird für ihn zu: die Brüder und Schwestern mit geistlicher Speise nähren. Beim Bekleiden denkt er an das Kleid der Weisheit, das wir den Menschen anbieten sollen. Den Bruder besuchen kann auch bedeuten, ihn zu trösten.

Die spirituelle Schriftauslegung hat im Gefolge des Origenes die Werke der Barmherzigkeit als Bilder für unsere Beziehung zu Jesus Christus gesehen. So versteht Makarius die Gastfreundschaft als Einkehr Christi in der menschlichen Seele. Wir sollen nicht nur den Bruder in unser Haus aufnehmen, sondern Christus in das Haus unserer Seele einziehen lassen. Der hl. Augustinus führt diese Tradition weiter. Er unterscheidet nun zwischen Wohltaten, die den Leib des Nächsten betreffen, und Wohltaten, die sich auf seine Seele beziehen. Diese Aufteilung in leibliche und geistige Werke der Barmherzigkeit wurde dann im Mittelalter weiter entfaltet. Thomas von Aquin erläutert diese 14 Werke als Tugenden der Liebe. Im Mittelalter prägte man sich durch lateinische Merkverse die 14 Werke der Barmherzigkeit ein. Die Kunst nahm sich dieser Werke der Barmherzigkeit an. Der Einband des Melisende-Psalters aus dem Jahre 1131 stellt die sieben Werke der Barmherzigkeit da. Wer den Psalter liest, soll sich daran erinnern, dass sein Gebet sich in einem neuen Verhalten ausdrücken soll. Oft erscheinen die Werke der Barmherzigkeit auch bei Weltgerichtsdarstellungen, so etwa an der Galluspforte des Basler Münsters um 1170 oder in Parma im Baptisterium im Jahre 1196. Der Elisabethschrein in Marburg stellt die Werke der Barmherzigkeit dar. Elisabeth galt dem Mittelalter als die Heilige, die exemplarisch vorgelebt hat, was Jesus in seiner Gerichtsrede von den Christen fordert.

In der Reformationszeit traten die Werke der Barmherzigkeit zurück. Da diskutierte man vor allem, ob die Werke für das Gericht entscheidend sind oder ob es nicht allein auf die Gnade Gottes ankomme. Die Gerichtsrede Jesu passte nicht so recht in die Lehre von der Rechtfertigung allein aus dem Glauben. Daher geriet sie aus dem Blick. In der Neuzeit hat man dann die Werke der Barmherzigkeit institutionalisiert. Es wurden Krankenhäuser, Obdachlosenheime und Suppenküchen geschaffen. Die persönlichen Werke der Barmherzigkeit wurden als wenig effektiv belächelt. Wenn man den Menschen helfen wolle, müsse man das politisch und gesellschaftlich tun. Die Wohltätigkeit müsse organisiert werden. So wurden in den letzten 50 Jahren kaum Bücher über die Werke der Barmherzigkeit geschrieben. Im Jahre 1958 haben der Südwestfunk Baden-Baden und der Bayerische Rundfunk in München katholische und evangelische Dichter und Schriftsteller eingeladen, zu den leiblichen und geistigen Werken der Barmherzigkeit zu sprechen. So bekannte Schrift-

steller wie Josef Martin Bauer, Otto Karrer, Albrecht
Goes, Luise Rinser, Edzard Schaper und Reinhold
Schneider haben aus der Situation der Nachkriegszeit
eindrucksvoll darüber gesprochen. Erst fünfzig Jahre
später hat Bischof Joachim Wanke anlässlich des 800.
Geburtstags Elisabeths von Thüringen Theologen und
Personen des öffentlichen Lebens eingeladen, über die
Werke der Barmherzigkeit nachzudenken und sie in unsere Zeit zu übersetzen. Im Vorfeld des Jubiläumsjahres
2007 hat der Bischof Menschen befragen lassen, was
sie heute unter Barmherzigkeit verstehen. Ihre Antworten sind dann eingeflossen in eine Neuformulierung der
7 Werke der Barmherzigkeit. Es ist dies ein Versuch, die
klassischen Werke der Barmherzigkeit in unsere Zeit zu
übersetzen: 1. Ich besuche dich. 2. Ich teile mit dir. 3. Ich
höre dir zu. 4. Du gehörst dazu. 5. Ich bete für dich.
6. Ich rede gut über dich. 7. Ich gehe ein Stück mit dir.

In diesem Buch möchte ich der klassischen Einteilung
in 7 leibliche und 7 geistige Werke der Barmherzigkeit
treu bleiben. Aber dennoch möchte ich versuchen, diese
Werke so zu beschreiben, dass wir uns heute angesprochen fühlen. Dabei sehe ich zwei Schwierigkeiten: Die

14

eine ist die Gefahr des Moralisierens. Ich möchte nicht
als der Besserwisser auftreten, der andern ins Gewissen
redet, dass sie endlich diese Werke vollziehen und für
die Hungernden reichlich spenden sollen. Die andere
Schwierigkeit besteht in der politischen Dimension des
Helfens. Sind die christlichen Werke der Barmherzigkeit nur ein Tropfen auf den heißen Stein? Sollen wir
nicht vielmehr die Welt politisch verändern, so dass
es keine Armen und Nackten und Obdachlosen mehr
gibt? Die Botschaft Jesu möchte uns die Augen öffnen, wie wir in der ganzen Welt den Geist der Barmherzigkeit und nicht der Ausbeutung, der Achtung und
nicht der Verachtung wirksam werden lassen. Allerdings genügt es nicht, die Werke der Barmherzigkeit
nur den Politikern aufzubürden. Dann würden wir uns
damit entschuldigen, unseren Beitrag für eine mensch-
lichere Welt zu leisten. So wichtig die politische und
wirtschaftliche Sicht ist: Wir können mit den Werken
der Barmherzigkeit nicht warten, bis auf der ganzen
Welt Gerechtigkeit und Frieden und Wohlstand herr-
schen. Bei allem politischen Engagement gibt es in der
nächsten Umgebung immer genügend Raum, die leiblichen und geistigen Werke der Barmherzigkeit zu voll-

ziehen. Dabei möchte ich den Lesern und Leserinnen kein schlechtes Gewissen vermitteln, dass sie zu wenig tun. Ich möchte nur, wie es Jesus in seiner Gerichtspredigt tut, uns die Augen öffnen, damit wir dort, wo Gott uns anrührt, bereit sind, dem Bruder oder der Schwester Barmherzigkeit zu erweisen, ob es nun leiblich oder geistig geschieht. Aus der Gerichtspredigt Jesu geht hervor, dass Jesus nicht moralisiert, dass er vielmehr denen, die diese Werke der Barmherzigkeit erfüllen, einen reichen Lohn verheißt. Doch das Paradox ist, dass sie die Werke tun, nicht weil sie belohnt werden, sondern weil sie sich vom notleidenden Menschen berühren lassen. Indem ich mich vom Bruder und von der Schwester anrühren und zu einem Werk der Barmherzigkeit anregen lasse, erlebe ich einen inneren Lohn. Ich spüre, dass mein Leben dadurch reicher wird, indem ich gebe, dass es heiler wird, indem ich mich dem Kranken zuwende, und dass ich meine eigene Blöße bedecke, wenn ich Nackte bekleide. Unser Tun hat immer auch eine Auswirkung auf uns selbst. Die Werke der Barmherzigkeit tun auch uns selber gut. Wir erweisen darin auch uns selbst Barmherzigkeit. Doch wir tun sie nicht, um uns selbst etwas Gutes zu erweisen.

16

Wir tun sie, weil wir unser Herz anrühren lassen von den Armen, Hungernden, Obdachlosen, Kranken und Gefangenen. Das Paradox ist: Indem wir uns vergessen, weil wir uns auf einen andern Menschen einlassen, erfahren wir selbst Erfüllung unseres Lebens, eine innere Dankbarkeit, dass ein Gebeugter aufrechter von uns weggeht und dass ein Nackter seine königliche Würde wieder entdeckt.

Die Grundhaltung der vierzehn Werke ist die Barmherzigkeit. Daher möchte ich ein paar Gedanken über diese Haltung schreiben. Die Bibel kennt verschiedene Begriffe und Bilder von Barmherzigkeit. Das Alte Testament kennt vor allem zwei Worte für Barmherzigkeit: hesed und rachamim. Dabei ist es vor allem Gott, der barmherzig ist. Doch die Barmherzigkeit Gottes verlangt auch von den Menschen, dass sie sich gegenseitig Barmherzigkeit erweisen. Barmherzigkeit ist dabei nie nur eine Gesinnung, sondern immer auch ein Tun. Das hebräische Wort hesed meint Freundlichkeit und Güte. Gott erweist sich barmherzig am Menschen, wenn er ihm freundlich und gütig und gnädig begegnet, wenn er ihm seine Schuld vergibt. Das andere Wort »rachamim«

hängt mit dem Wort »rechem« = Mutterschoß zusammen. So wie eine Mutter sich dem Kind zuwendet, das sie auf dem Schoß trägt, so wendet sich Gott mütterlich uns Menschen zu. Gott geht wie eine Mutter zärtlich mit dem Menschen um, den er gleichsam auf seinem Schoß trägt. Hier ist Barmherzigkeit die Zuneigung oder Herabneigung des Höhergestellten zum Niedrigeren. Gott wertet nicht, sondern traut dem Menschen zu, dass er sich wie ein Kind immer mehr zu dem entfaltet, als der er von Gott her gedacht ist. Diese Haltung wird vor allem von Gott gegenüber dem Menschen beschrieben, kaum vom Menschen untereinander. Das Erbarmen des Menschen gegenüber anderen Menschen wird gerne mit dem Wort »hanan« ausgedrückt, das auch in Personennamen wie Hanna oder Johann erscheint. Die Barmherzigkeit des Menschen zeigt sich in seiner Fürsorge gegenüber den Armen und Elenden, aber auch gegenüber dem Vieh. David erweist sich gegenüber Saul als barmherzig, indem er seine Macht nicht ausnutzt, sondern ihn schont.

Manche meinen, das Alte Testament würde Gott vor allem als Richter beschreiben. Doch damit wird das

Alte Testament einseitig ausgelegt. Gott ist auch im Alten Testament immer schon der barmherzige. Barmherzigkeit ist sein Wesen. Jesus hat diese Botschaft von der Barmherzigkeit Gottes in den Mittelpunkt seiner Predigt gestellt. Und er hat selbst barmherzig an den Menschen gehandelt. Gerade Matthäus, der Jesus auf dem Hintergrund jüdischer Theologie beschreibt, hat ihn als den barmherzigen Heiland beschrieben. Aber über Jesu barmherziges Handeln berichten alle Evangelisten. Die griechische Sprache des Neuen Testaments kennt drei verschiedene Worte für »barmherzig sein«:

1. Splanchnizomai = in den Eingeweiden ergriffen werden. Das wird vor allem von Gott und von Jesus Christus gebraucht. Die Eingeweide sind für die Griechen der Ort der verwundbaren Gefühle. Der barmherzige Gott lässt die Menschen bei sich selbst eintreten, in sein Herz, in seine Eingeweide. Jesus öffnet sich in seiner verletzlichen Menschlichkeit für die Menschen. Er lässt sich verwunden, um ihre Wunden zu heilen. In den Evangelien kennen dieses Wort nur die Synoptiker. Dabei wird das Wort dreimal in Gleichnissen Jesu gebraucht. Der, dem Gott alle Schuld vergeben

hat, soll auch seinem Mitknecht gegenüber barmherzig sein, anstatt von ihm unbarmherzig die Schuld
einzutreiben. (Matthäus 18,27) Der Samariter erweist
dem unter die Räuber gefallenen Mann Barmherzigkeit. Er öffnet sich für den, der da am Straßenrand
liegt, und hat mit ihm Mitleid. (Lukas 10,33) Er lässt
ihn bei sich eintreten, während der Priester und der
Levit sich verschließen und vorübergehen. Und Gott
als der barmherzige Vater hat Mitleid mit dem ver-
lorenen Sohn. (Lukas 15,20) Neunmal aber wird dieses Wort in den Wundergeschichten gebraucht. Jesus hat Mitleid mit dem Aussätzigen. Er öffnet sein
Herz für den, der sich von allen abgelehnt und ausgeschlossen fühlt. (Markus 1,41) Bei Matthäus taucht
dieses Wort dreimal auf, nicht dem einzelnen Menschen gegenüber, sondern der Menschenmenge, die
hungrig ist, verletzt, sich nach Heilung sehnt und die
keine Orientierung hat. »Als er die vielen Menschen
sah, hatte er Mitleid mit ihnen; denn sie waren müde
und erschöpft wie Schafe, die keinen Hirten haben.«
(Matthäus 9,36) Weil Jesus sich vom Leid und von
der Orientierungslosigkeit und ihrer Erschöpfung
berühren lässt, heilt er die Kranken, verkündet er

seine Botschaft, gibt ihnen zu essen (Matthäus 14,14
und Matthäus 15,32) und sendet seine Jünger zu
ihnen. Die Aussendungsrede Jesu folgt direkt der Bemerkung, dass Jesus Mitleid mit den Menschen hat.
Das heißt für mich: Jesus macht uns zu Boten seiner Barmherzigkeit. Wir sind zu den Menschen ge-
sandt, die müde und erschöpft sind, die verletzt und
verwirrt sind. Wir sollen uns wie Jesus barmherzig
zu den Menschen wenden, mit ihnen fühlen, unser
Herz für sie öffnen und an ihnen das tun, was Jesus
getan hat.

2. eleos. Dieses griechische Wort drückt Barmherzigkeit als emotionale Zuwendung aus zu dem, der in
Not ist. Eleos ist nie nur eine Gesinnung, sondern
immer auch erbarmende Tat, eine hilfreiche Reaktion auf die Notlage eines anderen. Matthäus zitiert
in seinem Evangelium zweimal das Wort des Propheten Hosea: »Barmherzigkeit (eleos) will ich,
nicht Opfer.« (Matthäus 9,13 und 12,7) Jesus wehrt
sich mit diesem Satz gegenüber den Pharisäern,
die die Sünder ausschließen und denen das Sabbat-
gebot wichtiger ist als der Hunger der Menschen. In

seinen Weherufen wirft er den Phariäsern vor: »Ihr gebt den Zehnten von Minze, Dill und Kümmel und lasst das Wichtigste im Gesetz außer Acht: Gerechtigkeit, Barmherzigkeit und Treue.« (Matthäus 23,23) Die Jünger Jesu sollen sich nicht hinter Gesetzen und Vorschriften verstecken. Ihr Verhalten soll geprägt sein von einer barmherzigen Zuwendung zu den Menschen. Wenn sie barmherzig sind, dann werden sie auch selbst Barmherzigkeit erfahren. So hat er es ihnen in der Seligpreisung verheißen. (Matthäus 5,7) Der Christ soll Jesus in seiner barmherzigen Zuwendung zu den Sündern und Ausgeschlossenen nachahmen. Aber er darf sich selbst in seiner Not an Jesus wenden und auf seine Barmherzigkeit vertrauen. Der blinde Bartimäus schreit zweimal »Jesus, hab Erbarmen (eleison) mit mir!« (Markus 10,47f) Matthäus legt diesen Ruf auch der Frau in den Mund, deren Tochter krank ist (Matthäus 15,22), und dem Vater, dessen Sohn mondsüchtig ist und der immer wieder ins Feuer oder ins Wasser fällt. (Matthäus 17,15) Wir fühlen uns als Vater oder Mutter oft hilflos, wenn unsere Kinder sich anders entwickeln oder krank werden. Dann sollen wir um das Erbarmen Jesu bitten.

Die Kirche hat uns diesen Ruf ans Herz gelegt: Kyrie eleison singen wir in jeder Eucharistiefeier. Und das Jesusgebet, das uns die Ostkirche als Meditationsweg empfiehlt, verbindet mit jedem Atem diese Bitte: »Herr Jesus Christus, Sohn Gottes, erbarme dich meiner.« Wenn Jesus sich barmherzig zu uns wendet, dann werden wir heil und gesund, dann erfahren wir inneren Frieden. Und dann werden wir mit uns selber barmherzig umgehen, anstatt gegen uns zu wüten. Jesus ist gerade für Matthäus der barmherzige Heiland, der barmherzig auf die Menschen zugeht und barmherzig an ihnen handelt, indem er ihnen die Sünden vergibt und ihre Wunden heilt, indem er ihnen einen neuen Anfang erfüllten Lebens ermöglicht. Wenn Jesus uns zur Barmherzigkeit aufruft, dann sollen wir als Jünger Jesu auch seinen Geist in diese Welt hineintragen.

3. oiktirmon = mitfühlend, mitleidend. Mit diesem griechischen Wort wird vor allem die barmherzige Einstellung ausgedrückt. Diese Haltung entspricht dem, was man im Buddhismus das Mitgefühl nennt. Der Mensch hat ein Gespür für den andern. Er fühlt mit

ihm. Er leidet mit ihm. Er fühlt sich mit ihm solidarisch. Lukas hat diese Haltung als die dem Christen angemessene Haltung gesehen, die dem Wesen
Gottes am meisten entspricht: »Werdet barmherzig,
wie euer Vater barmherzig ist.« (Lukas 6,36) Darin
kommt das Wesen des Menschen zum Ausdruck,
dass er mit dem andern fühlt und barmherzig mit
ihm ist. Und zugleich möchte uns Lukas damit sagen: Wenn wir wie Gott barmherzig mit den Menschen fühlen, dann haben wir teil an Gott, dann verstehen wir, wer Gott ist, dann hat Gottes Geist von
uns Besitz ergriffen. Das deutsche Wort »barmherzig« ist dabei eine Übersetzung des lateinischen Wor-
tes »misericordia« und meint: ein Herz für die Armen
haben oder ein Herz für das Arme und Verwaiste, für
das Elende und Schwache in mir und in den Menschen haben. Barmherzigkeit zielt vor allem auf das
Herz. Es gibt einen schönen Ausspruch von Altvater Pambo aus dem 4. Jahrhundert: »Wenn du ein
Herz hast, kannst du gerettet werden.« Der Mensch
wird nur heil und ganz, er hat nur dann teil an der
erlösenden Liebe Jesu Christi, wenn er ein Herz hat
für die Menschen, und wenn er selbst in seinem Her-

zen wohnt und nicht alles nur mit dem Verstand oder Willen tut. Aber es genügt nicht, im Herzen zu wohnen. Wir müssen – und das hat uns das Lukasevangelium auch immer wieder gezeigt – aus dem Herzen heraus handeln. Für Lukas bedeutet das vor allem, unser Leben, unser Besitz und unsere Liebe mit andern teilen.

In der Tradition haben sich sieben leibliche und sieben geistliche Werke der Barmherzigkeit herausgebildet. Sieben ist eine heilige Zahl. Es gibt die sieben Gaben des Hl. Geistes und die sieben Sakramente. Die sieben Werke der Barmherzigkeit sind gleichsam ein Sakrament des Handelns. Durch unser barmherziges Tun will sich diese Welt verwandeln. Das Wirken Jesu will sich durch unser Handeln in dieser Welt heilend fortsetzen. Bei der Beschreibung der leiblichen Werke ist mir wichtig, immer schon auch die geistige Seite zu sehen. Denn auch die leiblichen Nöte wie Hunger und Durst und Nacktheit haben immer schon eine geistige Dimension. So möchte ich immer beides sehen: das konkrete Tun, wie es Jesus vor Augen hat, und die geistliche Bedeutung all unseres konkreten Wirkens. Die sieben

geistigen Werke der Barmherzigkeit sind aus der spirituellen Deutung der leiblichen Werke entstanden und
übersetzen die Worte Jesu in die Vielfalt unserer Bezie-
hungen untereinander hinein.

I.

Die leiblichen Werke der Barmherzigkeit

1. Hungrige speisen

Wenn wir heute vom Wirken der heiligen Elisabeth hören, die die Speisen von ihrer höfischen Tafel nahm, um sie den Armen zu geben, so denken wir, das sei ineffektiv gewesen. Sie hätte die sozialen Verhältnisse ändern sollen. Doch das lag sicher nicht in der Macht dieser Frau. Sie hat mit ihrem Tun trotzdem eine Bewegung in Gang gesetzt, die nicht rückgängig zu machen war. Sie hat das Gespür für die Armen wachgerüttelt und zahlreiche Nachahmer gefunden. Sie hat ein Zeichen gesetzt mit ihrer Barmherzigkeit, das nicht mehr rückgängig zu machen war. So hat sie mit ihrem Werk der Barmherzigkeit letztlich auch die soziale und politische Situation im damaligen Deutschland verändert. Ihr persönliches Tun hatte auch eine politische Auswirkung. Und Elisabeth hat sich nicht nur mit der persönlichen Barmherzigkeit begnügt. Sie hat auch eine Institution geschaffen, ein Hospiz für die Kranken. Damit hat sie eine Bewegung in Gang gesetzt. Zu allen Zeiten gab es immer wieder Menschen, die in der Tradition der hl. Elisabeth soziale Programme für die Armen entwickelt haben: Suppenküchen, Armentafeln usw. Sie haben die Mahnung Jesu ernst genommen, Hungernde zu speisen.

Die Forderung Jesu, die Hungrigen zu speisen, ist natürlich auch für die Politik ein Stachel, der die Politiker nicht ruhen lässt, sich für eine gerechte Verteilung der Güter einzusetzen. Die Politik hat heute im Zeitalter der Globalisierung einen universalen Zug. Wir können nicht nur für ein einziges Land Politik machen. Wir sind immer auch verantwortlich für die ganze Welt. Allerdings kann die Politik des einen Landes nicht die Fehler anderer Länder ausbaden. Es hat nur dann Sinn, anderen Ländern Geld zu geben, wenn sie ihre Hausaufgaben erledigen, wenn sie die Korruption bekämpfen und das Geld wirklich effektiv einsetzen. Aber alle politischen Entscheidungen brauchen heute den Blick auf die ganze Welt. Es genügt nicht, nur den Vorteil des eigenen Landes zu sehen. Wir haben immer auch Verantwortung für die ganze Welt. Unsere Entscheidungen dürfen nicht zum Nachteil anderer geraten.

Auf der einen Seite dürfen wir heute die politische Dimension der leiblichen Werke der Barmherzigkeit nicht ausklammern. Auf der anderen Seite sollen wir aber nicht mit dem Finger auf die zeigen, die in unseren Augen keine gute Politik machen. Wir selber sind gefragt, einmal in unserem politischen Verhalten, zum andern aber auch in unserem privaten Tun. Auch in unserer Umgebung gibt es Hungernde. Die Armut in Deutschland nimmt zu. Da gibt es kinderreiche Familien, die sich schwertun, ihren Lebensunterhalt zu bestreiten. Da gibt es viele alleinerziehende Mütter, die mit ihren Kindern an der Armutsgrenze leben. Doch oft tun sich diese Menschen schwer, zu betteln. Und wir dürfen sie mit unseren Almosen auch nicht beschämen. Jesus hat im Gleichnis vom König gesprochen, dem wir in den Armen begegnen. Wenn wir einen Hungernden speisen, dann sollen wir ihn wie einen König behandeln und nicht wie einen lästigen Bettler. Wir sollen ihm das Gefühl für seine königliche Würde geben. So braucht das Helfen eine große Feinfühligkeit, damit es nicht zur Beschämung des andern wird.

Viele Christen versuchen, das Wort Jesu zu befolgen, indem sie für die Menschen in Afrika oder in anderen Notstandsgebieten Geld spenden oder Sammlungen veranstalten. Das ist sicher eine konkrete Antwort auf die Forderung Jesu. Wieder andere lassen sich von Spendenaufrufen bei Naturkatastrophen oder in konkreten Notlagen dazu bewegen, Geld zu spenden und bei der Linderung der Not mitzuhelfen. Andere geben dem Bettler am Straßenrand Geld, weil sie glauben, sie würden damit seine Not wenden. Allerdings sind viele da auch schon desillusioniert worden, wenn sie davon hörten, wie das Bettlerwesen manchmal sehr professionell organisiert wird. Es ist nicht immer leicht zu entscheiden, wo ich wirklich einen Hungernden speise oder wo ich nur auf einen raffinierten Trick reinfalle. Als Cellerar (Klosterverwalter) habe ich in 30 Jahren schmerzliche Erfahrungen von Ausgenutztwerden machen müssen. Das macht im Laufe der Zeit skeptisch gegenüber all den Erzählungen, die man hört und die alle drei Jahre wechseln, weil der alte Trick nicht mehr greift. Da gibt es das schlechte Gewissen, ob dieser Mensch nicht wirklich in Not ist. Und es gibt den Verdacht, dass er einen nur austricksen will. In diesem Dilemma das Wort Jesu zu erfüllen, ist nicht immer leicht.

Wenn Jesus vom Hunger spricht, meint er nicht nur den knurrenden Magen. Hunger ist für ihn immer schon ein Bild für den tieferen Hunger des Menschen. Er spricht vom Hunger nach Gerechtigkeit. Und er antwortet dem Satan, der ihn dazu verführen möchte, die Steine in Brot zu verwandeln, um so alle Menschen sättigen zu können: »Der Mensch lebt nicht nur von Brot, sondern von jedem Wort, das aus Gottes Mund kommt.« (Matthäus 4,4) Was nährt die Menschen wirklich? Was stillt ihre Sehnsucht? Jeder begegnet Menschen, die nach Liebe hungern, nach Zuwendung und Bestätigung, und die danach hungern, etwas zu haben, was ihre Seele nährt: Worte, von denen sie leben können, einen Blick, der sie aufrichtet. In diesem Sinn gilt die Forderung Jesu, Hungernde zu speisen, für jeden Menschen. Der Lehrer oder die Lehrerin hat nicht nur die Aufgabe, den Kindern Wissensstoff zu vermitteln. Vielmehr ist es ihre Aufgabe, sich immer wieder in die Kinder und Jugendlichen hinein zu meditieren: Was brauchen sie eigentlich? Was ist ihr tiefster Hunger? Wie kann ich sie nähren? Wer andere Menschen führt, in einer Firma, in einem Verein, in einer Gemeinschaft, hat immer auch die Verantwortung, sich in die Menschen hineinzuspüren und sich zu fragen: Was brauchen sie eigentlich? Diese Frage soll ich nicht nur für meine Mitarbeiter stellen, sondern auch für die Produkte, die ich für die Menschen produziere, oder für die Dienstleistung, die ich anbiete. Werde ich damit den wirklichen Bedürfnissen der Menschen gerecht oder brauchen sie nicht etwas ganz anderes?

Jesus hatte Mitleid mit den vielen Menschen, die ihm gefolgt waren. Als es schon Abend wurde, forderten ihn seine Jünger auf: »Schick doch die Menschen weg, damit sie in die Dörfer gehen und sich etwas zu essen kaufen können.« (Matthäus 15,15) Doch Jesus antwortete ihnen: »Sie brauchen nicht wegzugehen. Gebt ihr ihnen zu essen!« (Matthäus 15,16) Jesus gibt also uns den Auftrag, den Menschen, die wie Schafe ohne Hirten sind, die müde und erschöpft sind, verwirrt und orientierungslos, zu essen zu geben. Das ist eine Anfrage an uns als Kirche, ob wir den Menschen das geben, wonach sie wirklich hungern, oder ob wir ihren Hunger mit billigem Zeug stopfen. Die Brotvermehrung, in der Jesus den Jüngern den Auftrag gibt: »Gebt ihr ihnen zu essen«, wurde von der frühen Kirche immer auch als

Bild für die Eucharistie gesehen. So sind wir gefragt, ob wir die Eucharistie so feiern, dass der Hunger der Menschen gestillt wird. Verkünden wir das Wort Gottes so, dass es die Menschen nährt? Und begehen wir die Rituale der Liturgie so, dass die Menschen davon berührt werden und ihre Sehnsucht nach dem Heiligen und Heilen angesprochen wird?

Dieter Althaus, der Ministerpräsident von Thüringen, übersetzt das Teilen des Brotes mit den Armen heute vor allem in das Teilen der Chancen und Möglichkeiten. Wir müssen unser Leben miteinander teilen. Als Politiker möchte er die Bedingungen schaffen, dass die Menschen ihr Leben und ihre Güter miteinander teilen. Und er meint, eine solche Politik, »die die Schwachen stärkt, ohne die Starken zu schwächen, gründet sich in erster Linie auf Barmherzigkeit, d.h. auch auf Teilhabe, die eine wichtige Ausdrucksform für die Gerechtigkeit darstellt.« (Wanke 32) Er beruft sich dabei auf ein Wort des hl. Thomas von Aquin: »Gerechtigkeit ohne Erbarmen ist Grausamkeit. Barmherzigkeit ohne Gerechtigkeit ist die Mutter der Auflösung.« Er sieht in diesem Wort die Herausforderung für eine Politik, die »sowohl

die Teilhabe als auch das Teilen langfristig sichern«
(ebd. 33) kann. Wir müssen nach politischen Wegen suchen, das Teilen des Brotes in eine Haltung des Teilens
überhaupt zu übersetzen. Aber wir dürfen das Teilen
nicht den Politikern überlassen. Wir sind gefragt, ob wir
unser Leben miteinander teilen, ob wir unser Brot teilen, unsere Kraft, unsere Liebe, unsere Ressourcen, die
wir von den Eltern und die wir von Gott bekommen
haben. Das erste Werk der Barmherzigkeit möchte uns
die Augen dafür öffnen, wo wir unser Leben teilen können. Wenn wir es teilen, werden wir selbst auch die Be-
schenkten sein. Denn Teilen lässt uns auch teilhaben an
den andern, an ihrem Reichtum, an ihren Gaben, an ihren Fähigkeiten, an ihrer Liebe.

2. Durstige tränken

Wasser wird in Zukunft mehr denn je umkämpft werden. Wir erleben es heute schon, wie ein Land dem andern das Wasser abgräbt oder die Flüsse für sich selbst
nutzt, ohne Rücksicht auf die Nachbarstaaten. Eine ge-

rechte Verteilung und zugleich Sicherung der Wasservorräte für alle Menschen ist ein Anliegen der Weltpo-
litik. Wir dürfen die Wasservorräte nicht verschmutzen
und müssen sorgfältig mit ihnen umgehen. Die Medizin
hat erkannt, wie wichtig gesundes Wasser für den Menschen ist. Wasser reinigt nicht nur das Äußere, sondern
auch das Innere des Menschen. Gesundes Wasser für
alle auf Dauer zu sichern, ist die politische und wirtschaftliche Aufgabe der Zukunft.

Was heißt die Mahnung Jesu für den Einzelnen: die
Durstigen tränken? Als ich während meines Romstu-
diums in Italien mit ein paar französischen Mitbrüdern
eine Woche wandern war, war es selbstverständlich,
dass uns die Bewohner eines Dorfes ihre Häuser öffne-
ten und uns den Wassersack füllen ließen. In Deutschland habe ich da andere Erfahrungen gemacht. Da ist
es nicht selbstverständlich, dass man einem öffnet, der
darum bittet, seine Wasserflasche zu füllen. Sofort hat
man Angst, dass da einer etwas Schlimmes mit einem
vorhat und den Wasserwunsch nur als Vorwand nimmt,
Zutritt zur Wohnung zu bekommen. Die natürlichen
Hilfsleistungen, wie dem andern Wasser reichen, wenn

er durstig wird, werden zum Problem, nicht weil man dem andern das Wasser nicht gönnt, sondern weil man Angst hat, einen Fremden überhaupt aufzunehmen und ihm zu helfen.

Wenn ich in einem Haus zu Gast bin, werde ich oft gefragt, ob ich etwas trinken möchte. Dem andern etwas zum Trinken anzubieten, ist eine wichtige Form der Gastfreundschaft. Wenn ich lange mit dem Auto gefahren bin, bin ich durstig. Da bin ich froh, wenn man mir Wasser anbietet. Ich erlebe es immer wieder auch, dass jemand beim Vortrag nicht daran denkt, dass man vorher oder nachher ein Glas Wasser trinken möchte, um besser sprechen zu können. So spüre ich die Aufmerksamkeit oder Unaufmerksamkeit der Gastgeber. Dem Gast etwas zu trinken zu geben, ist eine wichtige Form der Zuwendung. In ihr wird nicht nur der äußere Durst des Menschen gestillt, sondern auch der Durst nach Nähe und Zuwendung.

Wenn zwei miteinander etwas besprechen oder sich einfach zu einem Gespräch treffen wollen, dann lädt der eine den andern zu einem Glas Wein ein. Bei einem Glas Wein lässt es sich gut reden. Da wird das Gespräch nicht bloß trockene Themen behandeln. Es wird bald in die Tiefe gehen und man fühlt sich miteinander verbunden. Der Wein löst die Zunge. Und wir trauen uns etwas zu sagen, was uns sonst nicht so über die Lippen kommt. Einen andern zu einem Glas Wein einzuladen, obwohl wir ihn kaum kennen, ist ein Zeichen von Gastfreundschaft. Ich zeige dem andern, dass ich Interesse an ihm habe, dass ich gerne mit ihm ein Glas Wein teile und dabei über wesentliche Dinge sprechen möchte. Ich interessiere mich für ihn. Ich lade ihn ein, mit mir die Zeit zu teilen und mit mir über das zu sprechen, was ihn bewegt.

Der Durst ist für Jesus immer auch ein Bild für die tiefste Sehnsucht des Menschen. Wenn Jesus mit der Samariterin über den Durst spricht, dann geht es nicht nur um das Wasser, sondern um den Durst des Herzens. Jesus selbst ist durstig und sagt der Samariterin: »Gib mir zu trinken!« (Johannes 4,7) Er gibt seinen Durst zu. Aber als er mit der Samariterin über den Durst nach Wasser spricht, kommen sie sehr schnell auf tiefere Themen zu sprechen, auf den Durst nach Liebe, nach Leben, nach Lebendigkeit. Und Jesus verheißt der Frau: »Wer von diesem Wasser trinkt, wird wieder Durst bekommen; wer aber von dem Wasser trinkt, das ich ihm geben werde, wird niemals mehr Durst haben; vielmehr wird das Wasser, das ich ihm gebe, in ihm zur sprudelnden Quelle werden, deren Wasser ewiges Leben schenkt.« (Johannes 4,12) Das Wasser, das Jesus uns zu trinken gibt, ist sein Geist. Er will in uns zu einer Quelle werden, die in uns sprudelt, die uns davor bewahrt, innerlich zu vertrocknen. Als die Frau Jesus bittet, er möge ihr doch dieses Wasser geben, damit sie nicht mehr täglich zum Brunnen kommen muss, antwortet ihr Jesus: »Geh, ruf deinen Mann, und komm wieder her!« (Johannes 4,16) Auf den ersten Blick nimmt hier das Gespräch eine ganz andere Wendung. Doch Jesus will mit dem Hinweis auf ihren Mann den Durst nach Liebe ansprechen. Die Frau meint, sie hätte keinen Mann. Jesus antwortet: »Du hast richtig gesagt: Ich habe keinen Mann. Denn fünf Männer hast du gehabt, und der, den du jetzt hast, ist nicht dein Mann. Damit hast du die Wahrheit gesagt.« (Johannes 4,17f.) Sechs Männer haben den Durst der Frau nach Liebe nicht gestillt. In Jesus begegnet ihr der siebte Mann, der ihre Sehnsucht nach einer Liebe

erfüllt, die nicht nur kurz verzaubert, dann aber enttäuscht. Die Liebe, die Jesus ihr schenkt, hat eine andere Qualität. Sie fließt aus Gott. Jesus will der Frau
sagen, dass der wahre Durst des Menschen der nach
Liebe ist. Und dieser Durst wird nie allein von Menschen gestillt werden, sondern nur wenn Gottes Liebe
in uns einströmt und in uns zur Quelle der Liebe wird,
die nie versiegt und die unabhängig ist von der Liebe,
die wir gerade durch Menschen erfahren oder nicht
erfahren.

Jesus will unseren wahren Durst stillen. Am Fest des
Wasserschöpfens stellte sich Jesus den Feiernden entgegen und rief laut: »Wer Durst hat, komme zu mir, und
es trinke, wer an mich glaubt. Wie die Schrift sagt: Aus
seinem Inneren werden Ströme von lebendigem Wasser
fließen.« (Johannes 7,37f.) Jesu Worte zu hören, sich
auf ihn einlassen, an ihn glauben, das bedeutet: trinken.
Wer von Jesu Geist trinkt, der muss nicht immer wieder trinken, um seinen Durst zu stillen. Vielmehr wird
in ihm selbst eine innere Quelle aufbrechen, die Quelle
des Heiligen Geistes, aus der er immer zu trinken vermag.

Johannes lässt Jesus am Kreuz sagen: »Mich dürstet.«
Und er führt dieses einfache »sitio« mit den bedeutungs-
vollen Worten ein: »Als Jesus wusste, dass nun alles
vollbracht war, sagte er, damit sich die Schrift erfüllte:
Mich dürstet.« (Johannes 19,28) Jesus selbst wird in sei-
nem Durst mit den Menschen solidarisch. Er spürt am
Kreuz, was Durst heißt. Er dürstet nicht nur nach Wasser. Er dürstet vielmehr nach der Liebe der Menschen.
Und er dürstet danach, dass die Menschen doch seine
Botschaft verstehen, dass sie seine Liebe erkennen,
die sich gerade in seiner Hingabe am Kreuz vollendet.
Man reicht ihm kein Wasser und keinen Wein, sondern
Essig. Die Menschen sind unter dem Kreuz für ihn zu
Essig geworden, der bitter schmeckt. Statt Liebe begegnen ihm Hass und Unverständnis. Doch Johannes
schließt seine Schilderung des Todes Jesu mit den Worten: »Als Jesus von dem Essig genommen hatte, sprach
er: Es ist vollbracht! Und er neigte das Haupt und gab
seinen Geist auf.« (Johannes 19,30) Jesus hat am Kreuz
den Hass und die Ablehnung der Menschen bis zur
Neige gekostet und ausgetrunken. Aber gerade darin
hat sich seine Liebe vollendet. Gerade dadurch hat er
alles in seine Liebe hineingenommen und verwandelt.

Und als Reaktion übergibt er nun seinen Geist der Liebe an die Menschen. Er hat den Essig genommen und gibt seine Liebe (paredoken – tradidit). Hier wird das Wort gebraucht, das in »Tradition« steckt. In der Tradition des Christentums überliefert uns Jesus seinen Geist der Liebe, damit dieser Geist seiner Liebe unseren tiefsten Durst stillt. Wir brauchen nicht mehr den bitteren Essig der Menschen zu trinken. Wir dürfen die Liebe Jesu trinken, die unseren tiefsten Durst stillt.

Menschen haben Durst nach Liebe. Wir können ihnen ihren Durst nicht immer stillen. Denn manchmal ist dieser Durst maßlos. Ja, wir wären überfordert, diesen maßlosen Durst nach Liebe zu erfüllen. Aber wir sollten zumindest ein Gespür dafür entwickeln, wo Menschen sich nicht nur nach äußeren Dingen sehnen, sondern letztlich nach Zuwendung und Liebe, nach Bestätigung und Anerkennung, nach Geborgenheit und Gemeinschaft. Wir sollen ihnen geben, was wir selbst empfangen haben: den Geist der Liebe, den uns Jesus in seinem Tod überliefert hat und der in uns zu einer nie versiegenden Quelle der Liebe geworden ist. Aus ihr dürfen wir immer schöpfen. Paulus hat die Botschaft Jesu verstanden, wenn er die Römer auffordert: »Wenn dein Feind Hunger hat, gib ihm zu essen, wenn er Durst hat, gib ihm zu trinken.« (Römer 12,20) Wir sollen selbst dem Feind, der Durst hat, zu trinken geben. Denn Jesus hat in seinem Tod allen Menschen, ganz gleich, ob sie gut oder böse sind, freundlich oder feindlich, seinen Geist der Liebe ausgegossen. Das Werk der Barmherzigkeit ist nicht in erster Linie eine Leistung. Sie ist vielmehr Ausdruck des Glaubens, dass in uns die Quelle der Liebe strömt, die unseren eigenen Durst erfüllt. Diese Quelle reicht nicht nur für uns, sondern auch für die Menschen, denen wir begegnen. Wenn wir aus dieser Quelle schöpfen und den anderen das Wasser unserer Liebe reichen, dann wird unsere Quelle nie versiegen, sondern immer weiterströmen. Wir selbst bleiben lebendig und werden nie verdursten.

3. NACKTE BEKLEIDEN

Kaum ein anderer Heiliger ist so ins Bewusstsein der Menschen getreten wie der hl. Martin mit dem Mantel, den er geteilt und einem Bettler geschenkt hat. Die

Kinder feiern heute noch jedes Jahr an seinem Fest den Martinszug mit Laternen und sie besingen den hl. Martin, der mit dem Bettler seinen Mantel geteilt hat. Jedes Kind kennt die Legende, dass dem jungen Martin nach dieser spontanen Tat des Teilens im Traum Christus selbst erschienen ist und ihm gezeigt hat, dass er letztlich ihm den Mantel geschenkt hat. In dieser Legende wird die Gerichtsrede Jesu aus dem Matthäusevangelium Wirklichkeit. Martin wusste nicht, dass er im Bettler Christus selber begegnet. Er hat seinen Mantel einfach geteilt, weil ihn der frierende Bettler berührt hat. Erst nach seiner Tat erkannte er, dass er in dem Bettler Christus selbst begegnet ist.

Heute gibt es viele Kleidersammlungen, um armen Menschen in Notgebieten zu helfen. Oft werden abgetragene Kleider auf diese Weise praktisch entsorgt, und mit dem, was man nicht selber brauchen kann, hilft man noch andern. Es gibt natürlich auch Menschen, die bei den Kleidersammlungen ihre guten Kleider hergeben. Sie trennen sich von den guten Kleidern, weil sie sie nicht mehr brauchen, aber auch, weil sie bewusst einfacher leben wollen. Und es gibt Menschen, die be-

wusst ihre guten Sachen hergeben, um mit ihren schönen Kleidern andern eine Freude zu machen. In all
diesen Formen der Kleidersammlungen wird das Gebot Jesu erfüllt, Nackte zu kleiden. Doch das ist sicher
nur eine sehr vordergründige Erfüllung der Bitte Jesu.
Jesus meint mit diesem Werk der Barmherzigkeit noch
etwas anderes.

Kleider machen Leute. So sagt ein Sprichwort. Heute
ist dieses Sprichwort für viele Kinder oft bittere Reali-
tät. Gerade Kinder, die wenig Selbstwertgefühl in sich
haben, müssen unbedingt Markenkleidung tragen. Nur
so werden sie von den Klassenkameraden und von den
Freundinnen ernst genommen. Wenn sie einfache Kleider tragen, werden sie ausgelacht. Viele Eltern erzählen
mir, wie sie sich darüber ärgern, dass ihre Kinder wei-
nend von ihnen Markenkleider fordern. Sonst trauen sie
sich nicht mehr in die Schule. Sie haben Angst, lächerlich gemacht zu werden. Wer kein Selbstvertrauen hat,
der braucht äußere Statussymbole. Und das sind auch
heute oft noch die Kleider, die wir tragen. Menschen,
die die teuersten Markenkleider tragen müssen, sind in
Wirklichkeit oft nackt. Sie haben kein Selbstvertrauen.

Sie zu kleiden würde heißen, ihnen ihren wahren Wert zu zeigen, der unabhängig ist von den Kleidern, die sie tragen. Wenn jemand seinen eigenen Wert entdeckt, kann er sich auch an schönen Kleidern freuen, in denen sich seine eigene innere Schönheit ausdrückt. Die Kleider schmücken ihn, aber sie machen ihn nicht aus.

Nacktsein hat noch einen tieferen Sinn. Menschen fühlen sich oft bloßgestellt, wenn sie öffentlich kritisiert oder an den Pranger gestellt werden, wenn man ihre Taten und Gedanken in der Öffentlichkeit diskutiert und oft genug verfälscht. Sie können sich nicht wehren gegen die Vorurteile, die ihnen entgegenkommen. Und sie können sich nicht wehren gegenüber Gerüchten, die in Umlauf kommen, ohne dass sie einen realen Grund hätten. Doch allein die Tatsache, dass das Gerücht erzählt wird, stellt einen Menschen nackt in die Öffentlichkeit. Einen solchen Menschen zu bedecken, das ist ein Werk der Barmherzigkeit. Anstatt mitzureden und mit dem Finger auf andere zu zeigen, über die das oder jenes geredet wird, braucht es Mut, diesen Menschen zu bedecken, ihn zu schützen, sich vor ihn zu stellen, für ihn Partei zu ergreifen, selbst mit dem Risiko, selbst ins Kreuzfeuer der Kritik zu geraten.

Ein junger Mann wird in einer Gruppe rot. Ein anderer macht ihn lächerlich, was er denn für Probleme habe, da er rot werde. In diesem Augenblick wird der junge Mann gleichsam nackt ausgezogen. Er wird in der Gruppe bloßgestellt. Da wäre es gut, seine Nacktheit zu bedecken, über sein Rotwerden hinwegzusehen und ganz normal mit ihm umzugehen. Nackte bekleiden heißt für mich, die Blöße des anderen zu bedecken. In der Bibel steht die schöne Geschichte von Noach. Er hatte einen Weinberg gepflanzt und zu viel Wein getrunken. Er »wurde davon betrunken und lag entblößt in seinem Zelt.« (Genesis 9,21) Ham, sein Sohn, sah die Blöße des Vaters und erzählte sie seinen Brüdern. Die Brüder jedoch gingen rückwärts hinein, um die Blöße des Vaters nicht zu sehen. Und sie bedeckten seine Blöße mit ihrem Überwurf. Der Nackte ist nicht immer der Arme, sondern oft der Bloßgestellte oder der Entblößte oder der, der sich selbst entblößt hat wie Noach in seinem Rausch. Statt über die Nacktheit eines Menschen zu reden oder sie zu begaffen, sollen wir

sie barmherzig zudecken, indem wir sie nicht beach-
ten oder indem wir sie mit unserer Liebe umhüllen. Als
Noach von seinem Rausch aufwachte und erfuhr, wie
sein Sohn Ham über ihn geredet hatte, verfluchte er ihn.
Wer sich über die Nacktheit anderer lustig macht und
sie durch sein Reden noch vertieft, der schadet letztlich
sich selber. Denn irgendwann wird auch seine Blöße
enthüllt werden. Und dann steht er wirklich nackt da.
Wenn wir die Blöße des anderen bedecken, handeln wir
nicht nur barmherzig am Nächsten, sondern auch an
uns selbst.

Adam und Eva waren im Paradies nackt. Sie lebten im
Einklang mit Gott. Sie brauchten nichts zu verstecken.
Doch nach dem Sündenfall »gingen beiden die Augen
auf, und sie erkannten, dass sie nackt waren. Sie hef-
teten Feigenblätter zusammen und machten sich einen
Schurz.« (Genesis 3,7) Sie schämten sich ihrer Nacktheit. Diese Scham kennt jeder, der sich anderen gegenüber nackt fühlt, der sein Innerstes vor ihnen nicht
verbergen kann. In der Taufe bekommen wir ein wei-
ßes Gewand angezogen. Der Priester zitiert dabei die
Stelle aus dem Galaterbrief: »Ihr alle, die ihr auf Chris-

tus getauft seid, habt Christus als Gewand angelegt.«
(Galater 3,27) Wir sind in der Taufe mit einem heiligen Gewand bekleidet worden. Es ist das Gewand göttlicher Herrlichkeit. Meine Schwester erzählte mir von
einem Mann, er würde einen ansehen, als ob er einen
ausziehen würde. In der Taufe lernen wir einen anderen Umgang mit den Menschen. Im Ritus des weißen
Gewandes üben wir uns ein, dass wir den anderen so
anschauen, als ob er sich mit einem schönen Gewand
umkleidet fühlt, mit dem Gewand göttlicher Herrlichkeit. Der Prophet Jesaja ruft Zion auf: »Wach auf, Zion,
wach auf, zieh das Gewand deiner Macht an! Zieh
deine Prunkkleider an, Jerusalem, du heilige Stadt.«
(Jesaja 52,1) Als der verlorene Sohn heimkommt, lässt
der barmherzige Vater das beste Gewand holen und es
ihn anziehen. Gottes Liebe ist wie ein Gewand, das uns
schützt. Und so sollen auch wir die Menschen, die uns
in ihrer Nacktheit und Blöße begegnen, mit dem Gewand der Liebe bekleiden, damit sie sich bedeckt fühlen. Doch damit wir andere mit dem Gewand der Liebe
umgeben können, müssen wir zuerst selbst das Gewand der Gnade anziehen. Paulus fordert die Christen
im Kolosserbrief auf: »Bekleidet euch mit aufrichtigem

Erbarmen, mit Güte, Demut, Milde, Geduld!« (Kolosser 3,12)

4. Fremde beherbergen

Gastfreundschaft war in der Antike heilig. Die Griechen kennen die Sage von Philemon und Baucis, einem alten und armen Ehepaar, das die Götter bei sich beherbergt, weil sie zu jedem Menschen gastfreundlich sind. Israel hat die Gastfreundschaft heilig gehalten. Denn es hat sich selbst in Ägypten als Fremdling erlebt und dabei erfahren, dass Gott für es gesorgt hat. Gott »liebt die Fremden und gibt ihnen Nahrung und Kleidung – auch ihr sollt die Fremden lieben, denn ihr seid Fremde in Ägypten gewesen.« (Deuteronomium 10,18f.) Das Alte Testament fordert das Volk nicht nur auf, Fremde zu beherbergen und dabei an die eigene Erfahrung der Fremdlingschaft in Ägypten zu denken. Es hat uns auch wunderbare Geschichten der Gastfreundschaft erzählt. Oft ist es der Fremde, der den, der ihn aufnimmt, reich beschenkt. Abraham nimmt die drei Männer gastfreundlich auf, die ihn besuchen. Und er lässt sie mit allem bewirten, was er aufzubieten vermag. Die drei entpuppen sich als Boten Gottes. Gott selbst spricht in diesen Männern zu ihm und verheißt ihm und seiner Frau Sara einen Sohn. (Genesis 18,1–18) Die christliche Tradition hat diese Szene als Bild für den dreifaltigen Gott verstanden. Die Ostkirche hat auf ihren Ikonen die drei Männer als drei Engel gemalt. Das galt für sie als die klassische Darstellung der Dreifaltigkeit. Gastfreundschaft heißt letztlich, Gott in sich, in seinem eigenen Lebenshaus, aufnehmen. Dann wird unser Leben erneuert. Es wird fruchtbar. Und das Lachen Saras erklingt auch in uns.

Die Witwe, die den Propheten Elija aufnimmt und ihn mit dem Wenigen bewirtet, das sie noch hat, wird dadurch belohnt, dass ihr Öl und Mehl nie ausgehen. Sie darf das Wunder erleben, dass ihr Mehltopf nicht leer wird und der Ölkrug nicht versiegt, bis Gott wieder Regen schickt. (1 Könige 17,8–16) Doch dann erkrankt ihr Sohn und stirbt. Sie beklagt sich beim Propheten: »Was habe ich mit dir zu schaffen, Mann Gottes? Du bist zu mir gekommen, um an meine Sünde zu erinnern und

meinem Sohn den Tod zu bringen.« (1 Könige 17,18)
Doch Elija legt sich dreimal auf den toten Knaben und
fleht zum Herrn. Und der Knabe lebt wieder auf. Elija
gibt ihn der Frau zurück. Sie sagt: »Jetzt weiß ich, dass
du ein Mann Gottes bist und dass das Wort des Herrn
wirklich in deinem Mund ist.« (1 Könige 17,24) Die
Gastfreundschaft kann also durchaus gefährlich werden.
Ich kann mit meiner eigenen Wahrheit in Berührung
kommen, mit all dem, was in mir erstarrt ist. Aber –
so sagt uns diese Geschichte – zuletzt wird neues Leben
in uns wachgerufen.

Das Neue Testament setzt die Geschichte der Gastfreundschaft fort. Vor allem das Lukasevangelium und
die Apostelgeschichte erzählen uns wunderbare Gast-
geschichten. Die Emmausjünger laden den fremden
Mann, der sich ihnen auf dem Weg anschließt, ein,
mit ihnen zu bleiben. Und auf einmal erkennen sie ihn
beim Brotbrechen als den Auferstandenen. Sie werden
durch den Gast beschenkt. Maria und Martha nehmen
Jesus und seine Jünger auf. Dabei mahnt Jesus Martha,
die gastfreundlich für Jesus und seine Jünger sorgt, wie
Maria zuerst auf das zu hören, was der Fremde sagen

möchte. Gastfreundschaft heißt nicht, eine Pflicht gewissenhaft zu erfüllen und für den Fremden zu sorgen, sondern zuerst einmal offen zu sein für das, was der Fremde in mein Haus bringt, was er mir zu sagen hat. Der Fremde stellt mein eigenes Lebensgebäude in Frage. Er zeigt mir neue Weisen, wie ich leben könnte. Ich soll ihn nicht nur aus Mitleid aufnehmen, sondern immer auch im Glauben, dass im Fremden Christus selbst mir begegnet. Der Hebräerbrief mahnt die Christen: »Vergesst die Gastfreundschaft nicht; denn durch sie haben einige, ohne es zu ahnen, Engel beherbergt.« (Hebräer 13,2) Die Engel lassen immer ein Gastgeschenk da, wenn sie aufgenommen werden.

Matthäus lässt uns verstehen, warum Jesus sich selbst mit dem Fremden identifiziert: »Ich war fremd und obdachlos, und ihr habt mich aufgenommen.« (Matthäus 25,35) Jesus muss schon als Kind nach Ägypten fliehen, weil ihm Herodes nachstellt und ihn töten möchte. So wird Jesus ein Fremdling. Wie Israel in Ägypten als Fremder gelebt hat, so auch Jesus. Er muss etwa drei Jahre in Ägypten bleiben, bis Herodes stirbt. Matthäus sieht in dieser Fremdlingschaft Jesu die Erfüllung prophetischer Verheißung: »Denn es sollte sich erfüllen, was der Herr durch den Propheten gesagt hat: Aus Ägypten habe ich meinen Sohn gerufen.« (Matthäus 2,15) Weil Jesus selbst als Fremder in Ägypten gelebt hat und darin das Schicksal des Volkes Israel auf sich genommen hat, begegnen wir in jedem Fremden Christus. Jesus hat eine besondere Nähe zu den Fremden. Wenn wir daher einen Fremden aufnehmen, nehmen wir letztlich Christus selbst auf.

Der hl. Benedikt ermahnt seine Brüder zur Gastfreundschaft. Er hat ein eigenes Kapitel über die Aufnahme der Gäste geschrieben. Er beginnt dieses Kapitel mit dem Hinweis auf Jesu Wort aus der Gerichtsrede bei Matthäus: »Gäste, die ankommen, empfange man alle wie Christus; weil er selber sagen wird: Ich war fremd, und ihr habt mich aufgenommen. Allen erweise man die Ehre, die ihnen zusteht, besonders denen, die mit uns im Glauben verbunden sind, und den Pilgern.« (RB 53,1f.) Und er beschreibt, wie die Mönche dem Gast entgegen gehen sollen: »Bei der Begrüßung begegne man allen Gästen, die ankommen oder fortgehen, in tiefer Demut: Man neigt den Kopf oder wirft sich ganz zur

Erde nieder, um in den Gästen Christus zu verehren, der auch wirklich aufgenommen wird.« (RB 53,6f.) Auch wenn die Mönche Benedikts Weisung nicht immer angemessen befolgt haben, so ist doch die benediktinische Gastfreundschaft sprichwörtlich geworden. Auch heute noch versucht jedes Benediktinerkloster, die Gastfreundschaft hochzuhalten. Und auch heute ist es so wie zur Zeit Benedikts, dass nicht nur Gläubige kommen, sondern viele Kirchenferne, viele, die sich auf die Suche machen und mit der Hoffnung in ein Kloster kommen, dort in eine andere Welt einzutauchen, die sie in Berührung bringt mit ihrer eigenen spirituellen Sehnsucht. Und es kommen viele, die nicht das Leben der Mönche bestätigen oder gar bewundern, sondern die ihre kritischen Fragen stellen. Benedikt ermahnt den Abt, dass er gerade auf solch kritische Stimmen hören soll. Vielleicht möchte Gott selbst durch den Gast die Gemeinschaft auf etwas hinweisen, das die Mönche selbst nicht mehr sehen, weil sie »betriebsblind« geworden sind.

Mein Vater hat die Gastfreundschaft immer hochgehalten. Bei uns daheim waren Fremde stets willkommen.

An Weihnachten lud mein Vater immer einen ausländischen Studenten ein, um mit uns Weihnachten zu feiern. Meine Mutter war nicht immer begeistert, weil zu den sieben Kindern noch ein Gast da war, für den die Kinder ihr Zimmer räumen mussten. Aber für meinen Vater war es wichtig, Ausländern gerade an Weihnachten ein gastfreundliches Haus anzubieten. Er wollte damit auf die Stelle in der Weihnachtserzählung im Lukasevangelium seine persönliche Antwort geben. Dort heißt es ja: »Sie wickelte ihn in Windeln und legte ihn in eine Krippe, weil in der Herberge kein Platz für sie war.« (Lukas 2,7) Mein Vater hat sich immer sehr angeregt mit den Gästen unterhalten, ohne Vorurteil, sondern einfach aus Interesse an ihrem Leben. Für uns Kinder war es interessant, einen pakistanischen Moslem an Weihnachten bei uns zu haben oder einen afrikanischen oder brasilianischen Studenten. Auf diese Weise wurde unser Horizont schon damals erweitert. Und wir waren als Kinder einfach neugierig, mit den Fremden umzugehen und mit ihnen zu spielen. Als ein argentinischer Student, der mit mir in Rom studiert hat, für ein paar Tage in unsere Familie kam, sagte er zum Abschied: »Bei deinem Vater fühlt man sich geachtet.«

Mein Vater hat die Fremden nicht aufgenommen, um sein schlechtes Gewissen zu beruhigen, sondern er hat in ihnen immer etwas Kostbares gesehen. Er hat ihren einmaligen Wert wahrgenommen und geachtet.

Meine älteste Schwester war als junges Mädchen ein Jahr nach Frankreich gegangen. Es war im Jahr 1955. Die Kriegswunden waren in beiden Völkern noch präsent. Wohlmeinende Leute rieten meiner Schwester ab, nach Frankreich zu gehen. Das sei doch so kurz nach dem Krieg schwierig. Mein Vater aber ermutigte sie und sagte ihr: »Du gehst und baust Brücken.« Die Brücken haben gehalten. Jetzt noch gibt es Kontakt zu dieser Familie. Danach ging meine Schwester nach Spanien und Italien. Überall hat sie Gastfreundschaft erfahren. So hat sie die Gastfreundschaft auch weiter gepflegt, als sie wieder in Deutschland war. Meine Nichten und Neffen dürfen heute noch die Gastfreundschaft der Familien in Spanien oder Italien in Anspruch nehmen. So ist eine Verbindung gewachsen, die allen guttut. Wenn meine Schwester in ihrer kleinen Wohnung niemanden mehr aufnehmen konnte, hat sie sie zu meiner Mutter geschickt. Mein Vater war schon gestorben. Meine Mutter hat sich immer gut mit den Fremden verstanden, selbst wenn sie nicht besonders gut deutsch sprachen.

Fremde aufnehmen hat heute über den privaten Bereich hinaus eine politische Dimension bekommen. Zahlreiche Fremde drängen in unser Land, weil sie dort, wo sie wohnen, keine Lebensmöglichkeit finden. Wir sind längst eine multikulturelle Gesellschaft geworden. Natürlich gibt es da auch Probleme in der Verständigung und Integration der Ausländer. Und es gibt Grenzen in der Aufnahmekapazität einer Gesellschaft für Fremde. Dennoch müssen wir uns als christliches Land fragen, wie weit wir die Forderung Jesu nach Gastfreundschaft heute erfüllen und was uns Jesus heute sagen würde. Viele Kirchen haben Ausländern Kirchenasyl gewährt und so konkret das Wort Jesu erfüllt. Das Wort Jesu aber ist eine ständige Herausforderung an uns, die wir nicht vorschnell rational wegschieben dürfen. Sie ist ein Stachel, der bei all unseren Diskussionen über die Integration und Aufnahme von Ausländern in unserer Gesellschaft präsent sein muss.

Aber auch hier sollen wir nicht auf die Politik warten und ihr die Aufgabe der Integration zuschieben. Jeder von uns ist gefragt, wie er mit den fremden Mitbrüdern umgeht, wie er über sie spricht, wie er sie anspricht. Als eine junge italienische Frau, die meine Schwester gut kannte, in Deutschland Arbeit suchte, hat sie ein Arbeitgeber beschimpft und sie mit entwürdigenden Worten verletzt. Mein Schwager, der Offizier bei der Bundeswehr war, rief den Arbeitgeber an und verlangte von ihm, er solle sich entschuldigen. Der hat es eingesehen und seinen Fehler wiedergutgemacht. Jeder von uns hat genügend Gelegenheiten, für die Fremden einzutreten, ihre Würde zu respektieren und sie zu schützen, wenn sie von anderen nicht gewahrt wird. So ist das 4. Werk der Barmherzigkeit heute höchst modern. Jeder von uns hat es mit Ausländern zu tun. Und jeder ist gefragt, die Fremden aufzunehmen und sie nicht abzuweisen oder abzulehnen. Der Fremde, den ich aufnehme, kann geradezu zum Geschenk werden. Wie Jesus als der Fremde in die Häuser der Menschen kam und ihnen als Gast göttliche Gastgeschenke mitbrachte, seine Menschenfreundlichkeit und seine vergebende Liebe, so werden auch wir

beschenkt werden, wenn wir offen sind für das, was
Fremde uns geben oder sagen möchten.

5. Gefangene erlösen

In seiner Gerichtsrede sagt Jesus: »Ich war im Gefängnis, und ihr seid zu mir gekommen.« (Matthäus 25,36)
Er hat also Menschen vor Augen, die es wagen, zu den
Gefangenen ins Gefängnis zu gehen, um ihnen ihre
Nähe und Solidarität zu zeigen. Die christliche Tradition hat das 5. geistliche Werk als Befreiung von Gefangenen verstanden. Es gab einen eigenen Orden im Mittelalter, die Mercedarier. Dieser wurde im Jahre 1218
von Petrus von Nolaskus und Raimund von Peniaforte
in Barcelona gegründet. Sie hatten sich als Aufgabe gesetzt, Sklaven und Gefangene zu befreien. Sie leisteten
Seelsorge auf den Galeeren und in den Gefängnissen.
Sie sammelten Geld, um Sklaven und Gefangene loszu-
kaufen. Manchmal lösten sie Gefangene auch mit der
eigenen Person aus. Heute hat dieser Orden seine Aufgabe verändert und sich auf Sozialarbeit verlegt. In un-

serer Zeit ist es ein eher a-kirchlicher Orden, eine nicht-religiöse Organisation, die diese Aufgabe übernommen hat: amnesty international. Diese Organisation wurde von dem englischen Rechtsanwalt Peter Benenson im Jahre 1960 gegründet, als er von zwei portugiesischen Studenten in der Zeitung las, sie seien wegen kritischer Bemerkungen über das Regime des Ministerpräsidenten Salazar ins Gefängnis geworfen worden. Es ist erstaunlich, wie schnell sich diese Organisation entwickelt hat. Sie kümmert sich nicht nur um ungerecht gefangen Gehaltene, sondern überhaupt um die Einhaltung der Menschenrechte in aller Welt. Sie hält das soziale Gewissen hoch. Wir Christen müssen uns fragen, ob diese Organisation gerade deshalb entstanden ist, weil wir den Ruf Jesu, uns um die Gefangenen zu kümmern, nicht genügend befolgt haben.

Können wir heute das Gebot Jesu nur politisch befolgen oder durch eine Organisation, die ihren Einfluss durch Demonstrationen und öffentliches Anprangern von Unrechtszuständen geltend macht? Um wirksam dagegen vorzugehen, dass auch heute noch Menschen ungerecht verurteilt und ins Gefängnis gesteckt werden, braucht es sicher die Öffentlichkeit und eine Organisation. Aber wir dürfen die Worte Jesu nicht nur institutionalisieren. Die Kirche hat für alle Gefängnisse unseres Landes Gefängnisseelsorger bestellt. Doch wir sollten das Wort Jesu nicht ihnen allein überlassen und uns von ihnen die Sorge für die Gefangenen abnehmen lassen. Jesus sagt jedem Menschen, dass wir ins Gefängnis gehen sollen, um mit den Gefangenen zu reden. Wir können sie kaum loskaufen, weil wir oft nicht wissen, wie das Urteil zustande kam. Ein Gefängnisseelsorger erzählte mir, wie wenig Gefangene überhaupt Besuch bekommen. Viele Freunde genieren sich, den Gefangenen zu besuchen. Sie haben Angst, mit dem Gefängnis in Verbindung gebracht zu werden. Oder sie haben Angst, von ihren Nachbarn schief angesehen zu werden, wenn sie einen Gefangenen besuchen. Sie könnten ja etwas mit diesem Gefangenen und seinen krummen Sachen zu tun haben. Gefangene werden oft wie Aussätzige behandelt. Und wenn sie freikommen, dann sind sie für ihr Leben oft stigmatisiert.

Das Wort Jesu lässt uns nicht in Ruhe. Es fordert uns auf, unsere eigenen Urteile und Vorurteile aufzugeben. Wir haben auch für uns keine Garantie, dass wir nicht mit den Gesetzen in Konflikt geraten und in eine Situation kommen, dass wir verurteilt werden und ins Gefängnis müssen. Die Weigerung, Gefangene zu besuchen oder mit ihnen Gemeinschaft zu haben, entspringt oft einer Angst vor dem Dunklen in uns selbst. Wir wollen das Dunkle in uns verdrängen. Wenn wir den Gefangenen besuchen würden, dann würde all das Verdrängte in uns hochkommen. Wir müssten uns damit konfrontieren, dass wir selbst immer auch schuldig sind und schuldig werden können. Eine ehrliche Selbstbegegnung ist unangenehm und schmerzlich. Dem wollen wir aus dem Weg gehen. Daher schreiben wir die Gefangenen ab und projizieren auf sie all das Dunkle, das wir bei uns selbst nicht wahrhaben wollen.

Im Gang vor unserer Krypta in Münsterschwarzach haben wir fünf Bilder des Priestermalers Herbert Falken aufgehängt. Dort hat er das 5. Werk der Barmherzigkeit künstlerisch und existentiell bearbeitet. Ein Freund von Herbert Falken war ins Gefängnis gekommen, weil man ihm sexuellen Missbrauch vorgeworfen hat. Herbert Falken hat seinen Freund im Gefängnis besucht und mit ihm gesprochen. Er kam zur Überzeugung, dass sein Freund unschuldig im Gefängnis saß. Irgendjemand wollte Rache an ihm nehmen. Falken hat sich in die Situation seines gefangenen Freundes hineinversetzt. Er hat ihn nicht fallengelassen. Er hat sehr dunkle Bilder gemalt. Auf dem ersten sitzt der Richter vor dem Gefangenen und baut sich auf. Der Gefangene ist gefesselt vor ihm, hilflos, ohnmächtig, gebunden. Doch dann kommt Bewegung in die Bilder. Der Stuhl des Richters wird in die Höhe gehoben. Der Gefangene beginnt zu tanzen. Und zuletzt ist der Richter nicht mehr auf dem Richterstuhl, sondern sitzt auf dem Stuhl des Angeklagten. Dieser Angeklagte aber tanzt so heftig, dass der Richter sich an seinem Stuhl festhalten muss, um nicht in den Wirbel hineinzugeraten. Der Richter wird zum Gefangenen seiner eigenen Richtlinien und Gesetze. Herbert Falken hat in diesen Bildern seine Hoffnung ausgedrückt, dass sein gefangener Freund dem Leben in sich traut und dass diese Lebensfreude stärker wird als alle Verurteilung von außen. Er ist zu seinem Freund ins Gefängnis gegangen und hat ihm mit seinen Bildern einen Liebesdienst erwiesen. Er hat ihm die Hoffnung vermittelt, dass er durch die Zeit der Dunkelheit und des Gebundenseins in ein neues Licht und eine neue Lebendigkeit gelangen wird. Es gibt viele Weisen, die Verbundenheit mit einem Gefangenen auszudrücken: durch Briefe, durch Besuche, durch Gespräche, durch Gedichte oder Bilder. Entscheidend ist, dass ich zu dem Gefangenen gehe, ohne ihn zu verurteilen oder zu rechtfertigen, vielmehr in dem Glauben, dass auch in ihm ein guter Kern liegt, an den ich glaube.

Die Jünger Jesu machten schon sehr bald nach dem Tod und nach der Auferstehung Jesu Bekanntschaft mit dem Gefängnis. Die Apostelgeschichte berichtet uns von einigen Gefängnisaufenthalten der Jünger. Da heißt es im 5. Kapitel: »Sie ließen die Apostel verhaften und in das öffentliche Gefängnis werfen. Ein Engel des Herrn aber öffnete nachts die Gefängnistore, führte sie heraus und sagte: Geht, tretet im Tempel auf und verkündet dem Volk alle Worte dieses Lebens.« (Apostelgeschichte 5,18–20) Im 12. Kapitel ist Petrus im Gefängnis, mit zwei Ketten gefesselt zwischen zwei Soldaten. In der Nacht besucht ihn ein Engel und fordert ihn auf, aufzustehen und ihm zu folgen. Die Türen öffnen sich und er gelangt ins Freie. Im 16. Kapitel sind Pau-

lus und Silas im Gefängnis. Um Mitternacht singen sie
Loblieder. Da öffnen sich die Türen und die Fesseln fallen ab. Es ist immer ein Engel, den Gott schickt, um
die Gefangenen zu besuchen und sie zu befreien. Engel
sind Boten Gottes. Vielleicht möchte Gott uns selbst als
Engel zu diesem oder jenem Gefangenen schicken, um
seine Fesseln zu lösen.

Dabei muss es nicht immer ein Mann oder eine Frau
sein, die im öffentlichen Gefängnis sitzen. Es gibt auch
andere Weisen der Gefangenschaft. Da ist einer im Ker-
ker seiner Angst eingeschlossen und wartet darauf, dass
ihn einer besucht. Er ist gehemmt und blockiert. Er
traut sich nicht mehr auf die Straße, weil er Angst hat,
es könnte ihm schwindlig werden. So igelt er sich immer mehr in das Gefängnis seiner Angst ein und meidet jeden Kontakt mit der Öffentlichkeit. Viele kennen
heute das Gefängnis der Depression, aus dem sie nicht
ausbrechen können. Sie sehnen sich nach einem, der
sie in ihrem dunklen Kerkerloch besucht. Ein anderer ist von seinen inneren Zwängen gefangen genommen und gleichsam gefesselt. Wir können die Fesseln
des Zwangs kaum von ihm nehmen. Aber ihn nicht

zu meiden, sondern ihn trotz seiner vielleicht auffälligen Ticks oder Zwänge anzusprechen und ihn ernst zu nehmen, ihn nicht zu beurteilen, sondern ihn in seiner Not zu verstehen, darin würde für uns das fünfte Werk der Barmherzigkeit bestehen, Gefangene zu besuchen. Mit den in ihrer Angst, in ihrer Depression und in ihren Zwängen Gefangenen geht es uns ähnlich wie mit denen, die in den staatlichen Gefängnissen sitzen. Wir haben Berührungsängste. Wir haben Angst, die Atmosphäre des Gefängnisses, die Atmosphäre ihrer Angst oder Depression könnte auch nach uns greifen und uns beherrschen. Daher meiden wir lieber die Gefängnisse der Menschen. Es braucht ein Herz, das mit den Gefangenen fühlt, es braucht Barmherzigkeit, um den Mut zu finden, zu den Gefangenen in ihre Angst, in ihre Einsamkeit, in ihre Depression, in ihre Zwänge hineinzugehen. Und es braucht das Vertrauen, dass wir nicht nur den Gefangenen dort treffen, sondern einen Menschen, in dem Christus selber ist. In jedem erkennen wir auch die Sehnsucht, auszubrechen aus dem Gefängnis und in die Gestalt Jesu hineinzuwachsen, die in ihm angelegt ist. Indem wir an Christus im Gefangenen glauben, ermöglichen wir ihm, dass er aus dem Gefängnis der

Selbstverurteilung und Selbstbestrafung ausbricht und den Weg in die Freiheit wagt, den Weg in die einmalige Gestalt, die Gott sich von ihm gemacht hat.

6. KRANKE BESUCHEN

Krankenhäuser kennen Besuchszeiten. Diese werden durchaus rege genutzt. Verwandte und Freunde kommen, um ihre Kranken zu besuchen. Sie bringen ihnen einen Blumenstrauß oder eine Flasche Saft mit. Und sie sprechen mit ihnen. Offensichtlich wird das Gebot Jesu heute befolgt. Aber die Frage ist, wie ich die Kranken besuche. Manchmal hat man den Eindruck, dass es nur eine lästige Pflicht ist. Man will seine Sorge und Verbundenheit mit dem Kranken zeigen. Aber ist es wirklich immer ein Besuch? Besuchen kommt im Deutschen von suchen. Ich suche intensiv nach dem anderen. Ich möchte heraussuchen, wo er steht. Besuchen meint also im Tiefsten ein Interesse am andern. Ich mache mich auf die Suche, um ihn wirklich zu finden. Im Griechischen (episkeptomai) und Lateinischen

69

(visitare) liegt der Akzent auf dem Sehen, genau hinsehen, betrachten, überlegen. Wenn ich jemanden besuche, dann schaue ich ihn mir genau an. Ich betrachte ihn nicht nur äußerlich, sondern ich versuche, in ihn hineinzuschauen, mich in ihn hineinzumeditieren. Ich frage mich, was ihn bewegt, wie es ihm wirklich geht. Ich habe Interesse an ihm. Ich schaue, um die Wahrheit zu sehen. Viele Besucher wollen gar nicht sehen, wie es dem anderen wirklich geht. Sie haben Angst, seine Wahrheit ins Auge zu nehmen. Denn dann müssten sie ja auch die eigene Wahrheit anschauen. Sie machen sich nicht wirklich auf die Suche. Sie meinen, sie wüssten schon alles vom anderen. Oder aber sie wollen gar nicht so viel wissen, weil sie sich nicht wirklich auf ihn einlassen wollen.

Es ist interessant, dass Jesus beim Gefangenen nicht sagt: »Ich war im Gefängnis, und ihr habt mich besucht«, sondern: »Ihr seid zu mir gekommen.« Dem Gefangenen genügt es, wenn einer hineingeht in sein Gefängnis und ihm seine Nähe und Solidarität zeigt. Er soll ihn gar nicht ausfragen, warum er ins Gefängnis gekommen ist. Beim Kranken geht es um ein Besuchen, um ein wirkliches Beschauen, um ein ehrliches Suchen nach seiner Wahrheit. Ich sehe nach, was jemand macht und wie es ihm wirklich geht. Das verlangt ein Interesse am andern. Ich bin offen für das, was er mir sagt, auch wenn es mich verunsichert und mich in Frage stellt. Bei vielen Besuchen hat man den Eindruck, dass die Besucher nicht wirklich hören wollen, wie es dem Kranken geht. Vor allem, wenn er schwer krank ist und in Todesgefahr schwebt, möchten viele seine Andeutungen, dass es ernst um ihn steht, sofort zudecken mit den Beschwichtigungen, dass alles gut werden wird, dass der Kranke schon bald aus dem Krankenhaus entlassen und wieder ganz gesund werden wird. Der Kranke weiß genau, dass das nicht stimmt. Aber auch er hat oft Angst, seine Angehörigen zu verunsichern. Er möchte sie nicht belasten mit seiner Krankengeschichte und mit seiner Angst vor dem Tod.

Das Neue Testament spricht immer wieder davon, dass Jesus Kranke heilt und dass die Kranken zu Jesus kommen, um von ihm geheilt zu werden. Das griechische und lateinische Wort für krank meint immer auch: schwach (asthenes, infirmus). Paulus rechnet damit, dass unter den Christen viele Schwache sind, im Gegensatz zu den Starken. Er mahnt die Thessalonicher: »Ermutigt die Ängstlichen, nehmt euch der Schwachen (Kranken) an, seid geduldig mit allen!« (1 Thessaloniker 5,14) Damit ist nicht ein Besuchen der Kranken gemeint, sondern die Kranken aufzunehmen in die Gemeinschaft, sie nicht auszuschließen. Jakobus ermahnt die Kranken, dass sie die Ältesten der Gemeinde rufen sollen, damit sie über sie beten und sie im Namen des Herrn mit Öl salben. Das Gebet soll den Kranken heilen. (Jakobus 5,14f.) Jakobus sieht die Gemeinde in der Pflicht für ihre Kranken. Die Gemeinde soll die Kranken nicht abschieben oder abschreiben, sondern für sie sorgen. Wie eine Gemeinschaft mit ihren Kranken umgeht, darin zeigt sich, ob sie dem Geist Jesu entspricht oder nicht.

Wenn das Neue Testament vom Besuchen spricht, dann meint es in erster Linie den Besuch Gottes bei den Menschen. So schildert Lukas im Lobgesang des Benediktus das Kommen Jesu: »Er hat sein Volk besucht und ihm Erlösung geschaffen.« (Lukas 1,68) Und er schließt das Lied mit dem rätselhaften Wort: »Durch die barmher-

zige Liebe unseres Gottes wird uns besuchen das auf-
strahlende Licht aus der Höhe.« (Lukas 1,78) In Christus hat Gottes barmherzige Liebe uns besucht. Er hat
nach uns geschaut, wie es uns geht. Und er hat unsere Finsternis bei seinem Besuch erleuchtet mit seinem göttlichen Licht. Als Jesus den Jüngling von Nain
von den Toten auferweckt, da wird das ganze Volk von
Furcht ergriffen und sagt: »Ein großer Prophet ist unter uns aufgetreten: Gott hat sein Volk besucht.« (Lukas
7,16) Wenn Gott die Menschen besucht, dann werden
die Kranken gesund und die Toten wieder zum Leben
erweckt. Weil Gott in Jesus die Menschen besucht, sollen auch wir die Kranken besuchen und die, die allein
gelassen sind, mit unserem Kommen beschenken. Für
den Apostel Jakobus sind es vor allem die Waisen und
Witwen, die wir besuchen sollen, wenn sie in Not sind.
(Jakobus 1,27)

Ein Lehrer erzählte mir, dass er ein halbes Jahr krank
war. Von seiner Schule hat ihn niemand besucht, weder sein Chef noch die Kollegen. Das hat ihn sehr verletzt. Er hat sich für die Schule sehr stark eingesetzt.
Daher wurde er krank. Doch niemand hat ihn gewür-

digt. Niemand hat nach ihm gesehen. Niemand hat sich dafür interessiert, wie es ihm wirklich geht. Oft ist es Unsicherheit und Hilflosigkeit. In einer Firma war der Abteilungsleiter im Krankenhaus. Auch da hat sich niemand getraut, ihn zu besuchen. Alle fragten die Sekretärin, wie es dem Kranken ginge. Aber keiner hatte den Mut, ihn selber anzurufen. Was diese sonst so starken Männer abgehalten hat, ihren kranken Kollegen zu besuchen, kann ich nicht sagen. Ich kann nur vermuten. Vielleicht war es die Verunsicherung durch seine Krankheit. Sie würden ja dadurch daran erinnert, dass sie auch krank werden könnten. Vielleicht war es auch die Unsicherheit, wie sie dem Kollegen, den sie sonst immer als stark erlebt haben, in seiner Krankheit begegnen sollen. Vielleicht genierten sie sich, dem Kranken und Schwachen zu begegnen. Alle bisherigen Formen der Kommunikation würden da nicht mehr stimmen. Das Pochen auf die Erfolge wäre deplaziert. Sie wissen gar nicht, was sie mit ihm reden sollen. Denn sich auf die Krankheit einzulassen und wirklich genau nachzufragen, wie es dem Kranken geht, davor haben sie Angst.

Jesus sagt, dass wir in jedem Kranken ihn selbst besuchen. Jesus radikalisiert hier eine Einsicht, die schon die jüdische Spiritualität prägt. Es gibt in der jüdischen Tradition eine Anweisung beim Krankenbesuch: »Wenn man einen Kranken besucht, setze man sich nicht auf sein Bett. Warum? Weil dort die Gegenwart Gottes weilt, wie die Schrift sagt: Der Herr stützt ihn auf dem Lager seiner Krankheit.« (Hommel 66) Die Alten waren überzeugt, dass wir im Kranken nicht nur dem begegnen, der unser Mitleid erregt, sondern auch dem, der eine kostbare Perle in sich birgt, der uns etwas zu schenken hat. Viele Kranke haben der Menschheit kostbare Gedichte oder Gemälde hinterlassen, wie etwa der evangelische Pfarrer Eduard Mörike, der sich schon mit 40 Jahren pensionieren ließ, weil er sich zu krank fühlte, oder Vincent van Gogh, der seine Gemälde seiner immer schlimmer werdenden Krankheit abtrotzte. Gisela Hommel erinnert sich an ihre Kindheit, »dass man, wenn man sich von einem Kranken verabschiedete, ihn bat: Bete für mich. Etwas wie heilige Scheu umgab das Lager und Zimmer des Kranken: Er war Gott näher als die Gesunden.« (Hommel 65f.) Den Kranken besuchen bedeutet, ihn mit Augen des Glaubens anzuschauen. Dann werde ich vom Besuch als Beschenkter zurückgehen. Manchmal sehe ich ein Leuchten in den Augen eines Sterbenskranken. Er ist durchlässig geworden für Christus. Oder ich bin erbaut von seinem Glauben und seiner Bereitschaft, sich Gott zu überlassen.

Reinhold Schneider, der selbst sehr an seiner Krankheit litt, hat im Jahr 1958 im Rundfunk den Vortrag über das 6. Werk der Barmherzigkeit – Kranke besuchen – übernommen. Darin sagt er: »Mit der Erkrankung also ereignet sich in verschiedenen Graden etwas Geheimnisvolles. Ein Rätsel ist in jeder Krankheit beschlossen. Das verleiht dem Kranken eine Art Würde. Das Krankenzimmer ist ein geweihter Ort.« (Die Werke der Barmherzigkeit 55f.) Weil im Kranken ein Geheimnis ist, wird der Besucher vom Kranken etwas empfangen. Er begegnet in ihm dem Geheimnis des Menschseins und der Erlösung. Reinhold Schneider weiß aus eigener Erfahrung, dass gute Ratschläge des Besuchers den Kranken nur verletzen und dass die gut gemeinten Blumensträuße oft die ganz andere Welt, in der der Kranke lebt, verfehlen. Als Kranker hat er vor allem die Vögel als willkommene Besucher am Krankenbett erfahren. Wenn das Fenster offen war und die Vögel gesungen haben, war das für ihn der liebste Besuch. Die Tiere – so meint Schneider – haben »eine eigentümliche Beziehung zum leidenden Dasein« (Ebd 60). Vom Menschen erwartet der Kranke vor allem unser Gebet: »So manche Hoffnung ist es, dass nicht wir ihn besuchen, sondern unser Gebet, vor allem in der Nacht, den langen, langen Stunden ohne Verheißung! Sie sind wie ein Untersinken von Tiefe zu Tiefe. Und doch kann es der Kranke empfinden, dass wir den Arzt der Welt bitten, ihn zu besuchen. Und dann kann es geschehen, dass Gottes Herrlichkeit an ihm offenbar wird.« (Ebd. 60)

Haben wir schon Hemmungen, körperlich Kranke zu besuchen, so fällt es uns oft noch schwerer, zu psychisch Kranken zu gehen und mit ihnen in ein persönliches Gespräch zu kommen. Oft flüchten wir uns dann in Allgemeinplätze. Wir trauen uns nicht, ehrlich über die Depression oder über die Psychose zu sprechen. Und doch leiden heute viele unter Depressionen. Auch und manchmal gerade erfolgreiche Männer und Frauen erleben psychotische Schübe, die sie völlig aus dem Gleichgewicht bringen. Oft stempeln wir diese Menschen dann ab. Mir erzählen Menschen, die von Depressionen heimgesucht werden oder die einmal eine psychotische Phase erlebt haben, dass sie sich wie aussätzig fühlen. Keiner will wirklich in Kontakt mit ihnen treten. Sie werden zwar freundlich behandelt, aber wie es ihnen geht, das will keiner hören. Besuchen würde bedeuten, wirklich hinzuschauen, was diesen Menschen belastet. Aber entscheidend ist, mit welchem Blick ich hinschaue. Das griechische Wort für besuchen (episkeptomai) meint ein Schauen, das von wirklichem Interesse für den anderen geprägt ist. Ich möchte nicht nur nach dem anderen sehen, sondern ihn genau betrachten, um zu sehen, wie es ihm geht. Dabei muss mein Blick frei sein von allem Bewerten. Insgeheim werten wir eine Depression oder eine Psychose ab. Wenn wir jemanden mit dem Etikett »psychisch krank« versehen, dann ist es, als ob wir ihm das Schild »aussätzig« um den Hals hängen. Wir schauen nicht hinein in die Krankheit, weil wir sonst in den Abgrund der eigenen Seele schauen würden. So ist das sechste Werk der Barmherzigkeit, Kranke zu besuchen, heute aktueller denn je. Barmherzigkeit heißt, dass ich nicht nur das Arme und Elende im Kranken sehe, sondern auch in mir selbst. Im Kranken sehe ich mich selbst wie in einem Spiegel. Aber ich sehe auch im psychisch Kranken nicht nur das Beschädigte, sondern oft genug etwas Kostbares. Wenn ich mich mit psychotischen Menschen unterhalte, entdecke ich ihre Phantasien, die eine andere Welt widerspiegeln als die bekannte. Oft haben psychotische Menschen kein Maß. Aber sie spüren etwas, was uns oft genug abgeht. Depressive Menschen können mich auf die Tiefe und Dunkelheit meines eigenen Daseins verweisen. So kann ich nach dem Besuch psychisch Kranker durchaus auch gestärkt und beschenkt nach Hause gehen. Es kommt nur darauf an, dass ich den Kranken nicht nur mit einem psychologischen Blick beschaue, sondern auch mit Augen des Glaubens.

7. TOTE BEGRABEN

In der Gerichtsrede in Matthäus 25 ist nur von sechs Werken der Barmherzigkeit die Rede. Doch schon im 4. Jahrhundert wurde das siebte Werk hinzugefügt:

»Tote begraben«. Ausschlaggebend war dabei das Wort des alten Tobit, der ein Beispiel eines frommen Juden war. Er erzählt von sich, dass er den Brüdern seines Stammes schon immer aus Barmherzigkeit viel geholfen hat: »Ich gab den Hungernden mein Brot und den Nackten meine Kleider; wenn ich sah, dass einer aus meinem Volk gestorben war und dass man seinen Leichnam hinter die Stadtmauer von Ninive geworfen hatte, begrub ich ihn. Ich begrub heimlich auch alle, die der König Sanherib hinrichten ließ.« (Tobit 1,17f.) In allen Kulturen und Religionen hat man Rituale bei der Bestattung und Verabschiedung der Toten entwickelt. Tote zu begraben war Ausdruck der Achtung und Würdigung des Menschen. Und es war Ausdruck des Glaubens, dass der Verstorbene nicht einfach vergessen wird und aufhört zu existieren. Die Totenkulte gehen immer auch davon aus, dass der Tote in einer anderen Art, in der jenseitigen Welt, weiterleben wird. Daher bezeugt man ihm die Ehre und geht mit seinem Leichnam behutsam um. Das Schlimmste, das einem Israeliten geschehen konnte, war, dass seine Leiche den Tieren zum Fraß überlassen wurde. Das tat jedem Juden in der Seele weh.

Tote begraben heißt: von ihnen in würdiger Weise Abschied nehmen. Wo das nicht geschehen kann – etwa bei einer Flucht oder im Krieg –, bleibt ein großer Schmerz zurück. Deshalb haben selbst im Krieg die Soldaten versucht, ihre gefallenen Kameraden in Würde zu bestatten. Heute gibt es in Großstädten sehr viele anonyme Bestattungen. Die Angehörigen wollen sich dem Begräbnis und der Trauer um den Toten nicht stellen. Sie wollen den Verstorbenen anonym »entsorgen« lassen. Allein in diesem Wort »entsorgen« aber steckt etwas Ungeheuerliches. Man sieht den Verstorbenen nicht mehr als Menschen, dem man viel verdankt, als Menschen, mit dem man gelebt und Freude und Leid geteilt hat, sondern als wertlose Ware, die man loswerden möchte. In dieser Tendenz der anonymen Beerdigungen wird etwas von der Unmenschlichkeit sichtbar, die sich in manchen Kreisen ausbreitet. Umso wichtiger ist es, dass wir heute nach Formen der Bestattung suchen, die dem Menschen gerecht werden. Dazu gehört, dass wir uns genügend Zeit lassen, vom Verstorbenen Abschied zu nehmen. Manchmal holen die Angehörigen eines Verstorbenen zu schnell das Beerdigungsinstitut und überlassen ihnen den Leichnam,

ohne dass sie selbst in aller Ruhe von ihm Abschied
genommen haben.

Der alte Tobit hat eigenhändig das Grab geschaufelt
und die Toten darin begraben. Das ist uns heute nicht
möglich. Aber wir müssen selber Hand anlegen, selber handeln, wenn ein lieber Mensch stirbt. Wir sollen
nicht alles dem Beerdigungsinstitut oder dem Pfarrer
überlassen. Hand anlegen, das bedeutet, den Verstorbenen berühren, ihn waschen und anziehen. Handeln
meint auch, dass ich selber die Beerdigung gestalte, dass
ich dem Pfarrer sage, was mir am Verstorbenen wichtig war. Ich kann auch Vorschläge machen für die Ge-
staltung der Beerdigungsfeier, des Requiems oder der
Bestattung. Als meine Mutter gestorben war, setzten
wir Kinder uns zusammen und überlegten, welche Lieder unsere Mutter gern in der Kirche gesungen hat. Vor
dem Tod hat sie schon gesagt, dass sie gerne möchte,
dass wir »Segne du Maria« an ihrem Grab singen. Und
im Requiem wollte sie gern das Lied »So nimm denn
meine Hände« gesungen haben. Wir haben ihr ihren
Wunsch erfüllt. Denn in diesen Liedern hat sie ihren
Glauben und ihre Sehnsucht nach dem mütterlichen

und zärtlichen Gott ausgedrückt. Wir haben im Singen
ihrer Lieblingslieder teilgehabt an ihrem Glauben. Und
wir wussten: Das, was wir jetzt im Glauben singen, das
singt sie jetzt im Schauen. So haben wir uns im Singen
mit ihr verbunden gefühlt und ihr darin Ehre erwiesen.

Tote bestatten heißt nicht nur, das Grab pflegen, sondern des Toten gedenken. Im katholischen Bereich gedenken wir in jeder Eucharistiefeier der Verstorbenen.
Wir denken daran, dass sie jetzt, da wir das Mahl Jesu
feiern, im Himmel das ewige Hochzeitsmahl feiern. So
erleben wir in jeder Eucharistiefeier auch die Gemeinschaft mit ihnen. Der Toten gedenken bedeutet nicht,
in der Vergangenheit zu leben. Vielmehr geht es darum,
die Botschaft zu verstehen, die sie durch ihr Leben und
Sterben an uns richten, und auf diese Botschaft mit unserem Leben zu antworten. Das Gedenken und Ab-
schiednehmen braucht aber auch Formen. Dazu gehört
das Erzählen, woran wir uns erinnern und was für den
Verstorbenen wichtig war, was ihn bewegt hat, aus wel-
chen Quellen er gelebt hat. Und dazu gehört die liebevolle Pflege des Grabes. Die Trauer braucht einen Ort.
Das Grab ist der Ort, an dem die Trauer immer wieder

eine Form bekommt. Die Würdigung des Verstorbenen drückt sich dadurch aus, dass wir sein Grab pflegen.

Früher hat das ganze Dorf an der Beerdigung teilgenommen und die Verbundenheit mit ihm ausgedrückt. Eine Weise, das siebte Werk der Barmherzigkeit heute zu leben, wäre auch die Teilnahme an der Beerdigung von Menschen, die uns etwas bedeutet haben. Wenn ein Mitbruder stirbt, dann gehört es sich, dass wir uns darum bemühen, an der Beerdigung teilnehmen zu können. Und es berührt uns, wenn Menschen, die ihn gekannt haben, sich die Mühe machen, von weither zu kommen, um von ihm Abschied zu nehmen. Darin drückt sich ihre Wertschätzung aus. Ich erlebe oft, dass Firmen keinen Weg gefunden haben, von verstorbenen Mitarbeitern Abschied zu nehmen. In vielen mittelständischen Unternehmen nimmt der Chef selbst teil an der Beerdigung von Mitarbeitern. Darin drückt er nicht nur die Verbundenheit mit diesem Verstorbenen aus, sondern zeigt auch, dass die Firma sich als Gemeinschaft versteht, die Freud und Leid teilt, die ihre Mitarbeiter und deren Angehörige nicht alleine lässt, auch nicht im Tod. Andere Firmen –

vor allem, wenn sie größer sind – haben dieses Werk der Barmherzigkeit verdrängt. Sie schreiben vielleicht einen vorformulierten Brief an die Angehörigen oder lassen ihn bei der Trauerfeier verlesen. Aber das bleibt zu unpersönlich. Es ist immer ein wichtiges Kriterium für die Menschlichkeit einer Firma, wie sie mit Trauer und Abschied umgeht und wie sie die Toten bestattet, die in ihr gearbeitet haben.

Jesus hat ein Wort über die Bestattung der Toten gesagt, das jeden frommen Juden schockiert haben muss: »Lass die Toten ihre Toten begraben.« (Lukas 9,60) Jesus hat mit diesem Satz sicher nicht gemeint, dass wir die Toten unbestattet lassen sollen. Er war zu sehr Jude, um diesen Liebesdienst am Verstorbenen zu verneinen. Doch er will den, der ihm nachfolgen will, vorher aber noch seinen Vater begraben möchte, auf eine andere Wirklichkeit hinweisen. Dieser Mann wollte Jesus nachfolgen. Doch vorher wollte er alles regeln, was zum Leben gehört. Er wollte erst noch seinen Vater begraben. Das bedeutet nicht, dass sein Vater gerade gestorben war. Vielmehr wollte er so lange mit der Nachfolge warten, bis sein Vater gestorben ist. Ich kenne Menschen, die sich nicht trauen, ihrer innersten Berufung zu folgen, solange der Vater noch lebt. In diese Situation hinein sagt Jesus dieses paradoxe Wort: »Lass die Toten ihre Toten begraben; du aber geh und verkünde das Reich Gottes!« (Lukas 9,60) Ich soll also nicht warten, bis der Vater stirbt. Jetzt geht es darum, dem inneren Ruf Jesu zu folgen und das Reich Gottes zu verkünden. Reich Gottes, das bedeutet: Gott herrscht. Gott ist die eigentliche Wirklichkeit unseres Lebens. Wenn Gott in uns herrscht, dann ist alles andere nicht mehr so wichtig. Dann müssen wir jetzt in diesem Augenblick unser Leben ändern und nicht darauf warten, bis der Vater gestorben ist. Dann blieben wir tot und würden als Tote Tote begraben. Jesus will aber, dass wir leben. Wenn wir unsere Toten begraben, dann sollen wir es als lebendige Menschen tun, die ihren eigenen Weg gefunden haben und ihn auch gehen.

Jesus will uns nicht abhalten, Tote zu begraben. Denn er hat es ja an sich selbst geschehen lassen. Lukas, der uns das radikale Wort Jesu von den Toten, die ihre Toten begraben sollen, überliefert hat, schildert uns sehr liebevoll die Bestattung Jesu. Josef von Arimathäa, von dem Lukas sagt, dass er gut und gerecht war, nahm den

Leichnam Jesu »vom Kreuz, hüllte ihn in ein Leinentuch und legte ihn in ein Felsengrab, in dem noch niemand bestattet worden war.« (Lukas 23,53) Er stellt Jesus sein eigenes Grab zur Verfügung. Und er verzichtet um des Begräbnisses willen auf die Mitfeier des Pascha. Denn durch die Bestattung machte er sich selbst unrein. »Die Frauen, die mit Jesus aus Galiläa gekommen waren, gaben ihm das Geleit und sahen zu, wie der Leichnam in das Grab gelegt wurde. Dann kehrten sie heim und bereiteten wohlriechende Öle und Salben zu.« (Lukas 23,55) Sie möchten Jesus eine würdige Bestattung bereiten und seinen Leichnam nach dem Sabbat salben. In diese wohlriechenden Salben legen sie ihre ganze Liebe zu Jesus hinein und möchten sie ihm auch nach seinem Tod noch erweisen. Das ist der Sinn des 7. Werkes der Barmherzigkeit, die Liebe über den Tod hinaus denen erweisen, die uns in ihrem Leben wertvoll waren. Die Frauen tun das gegen die herrschende Meinung der Römer und der Hohenpriester, dass Jesus ein Verbrecher war. Sie zeigen durch ihre liebevolle Art der Bestattung, dass er wahrhaft ein gerechter Mensch war (Lukas 23,47) und dass in ihm die Liebe über den Tod gesiegt hat.

Wenn die kirchliche Tradition die Bestattung der Toten als Werk der Barmherzigkeit versteht, dann ist sie davon überzeugt, dass wir damit jedem Verstorbenen die Ehre erweisen, die Josef von Arimathäa und die Frauen Jesus erwiesen haben. Auch in diesem Werk handeln wir letztlich an Christus selbst. Wir legen in jedem Verstorbenen etwas Wertvolles in das Grab. Wir vergessen in diesem Augenblick die Schwächen, die er auch gehabt hat, die Fehler, die er gemacht hat. Beim Bestatten legen wir voller Ehrfurcht die Hülle eines Menschen in das Grab, von dem wir bekennen, dass wir sein wirkliches Geheimnis nicht kennen. Und wir legen ihn ins Grab in dem Glauben, dass auch in ihm Christus selbst gewohnt hat und dass in ihm etwas vom Geheimnis Jesu Christi aufgeleuchtet ist, auch wenn es vielleicht verdunkelt war durch das allzu Menschliche in ihm. Jedes Werk der Barmherzigkeit ist mehr als Ausdruck von Humanität. Es ist immer auch Ausdruck des Glaubens an das Geheimnis des Menschen, an die Gegenwart Jesu Christi in jedem Menschen.

II.

DIE GEISTIGEN WERKE DER BARMHERZIGKEIT

1. Irrende zurechtweisen

Das erste geistige Werk der Barmherzigkeit hinterlässt in uns zwiespältige Gefühle. Wenn ich den Irrenden zurechtweise, beanspruche ich dann nicht von mir, dass ich im Recht bin? Ich habe Recht und der andere hat Unrecht. Ich gehe den richtigen Weg, aber der andere ist vom guten Weg abgekommen. In älteren Texten wird das erste geistige Werk auch mit »Sünder zurechtweisen« bezeichnet. Das griechische Wort für sündigen »hamartanein« bedeutet: den Weg verfehlen. Also gibt es einen inneren Zusammenhang zwischen Sünde und Irrtum. Doch wenn wir von »Sünder zurechtweisen« sprechen, scheint die Selbstgerechtigkeit noch krasser zu sein. Vermittle ich dann nicht dem anderen, dass ich kein Sünder bin? Teile ich dann nicht die Menschen in Sünder und Nicht-Sünder ein? Damit aber würde ich der Botschaft Jesu widersprechen. Für den Apostel Paulus sind wir alle Sünder. Er zitiert im Römerbrief Psalm 14: »Es gibt keinen, der gerecht ist, auch nicht einen; es gibt keinen Verständigen, keinen, der Gott sucht. Alle sind abtrünnig geworden, alle miteinander taugen nichts. Keiner tut Gutes, auch nicht ein einziger.« (Römer 3,10–12) Wenn wir alle Sünder sind, wie sollen wir dann den Sünder zurechtweisen? Wenn wir alle vom rechten Weg abgeirrt sind, wie sollen wir dann den Irrenden den Weg zeigen? Sind wir dann nicht blinde Führer, wie es Jesus den Pharisäern vorwirft? (Matthäus 23,16)

Und doch fordert uns Jesus im Matthäusevangelium auf: »Wenn dein Bruder sündigt, dann geh zu ihm und weise ihn unter vier Augen zurecht. Hört er auf dich, so hast du deinen Bruder zurückgewonnen. Hört er aber nicht auf dich, dann nimm einen oder zwei Männer mit, denn jede Sache muss durch die Aussage von zwei oder drei Zeugen entschieden werden. Hört er auch auf sie nicht, dann sag es der Gemeinde. Hört er aber auch auf die Gemeinde nicht, dann sei er für dich wie ein Heide oder ein Zöllner.« (Matthäus 18,15–17) Diese Worte Jesu stehen im 18. Kapitel bei Matthäus. Man nennt dieses Kapitel die Gemeinderegel. Matthäus zitiert hier Worte Jesu, die das Leben in der christlichen Gemeinde regeln. Da geht es um das Wohl des Bruders und der Schwester. Es geht nicht darum, dass wir über andere reden und uns über ihre Fehler entrüsten.

Statt über den anderen zu sprechen, sollen wir mit ihm sprechen. Aber wir sollen es immer auch mit dem Bewusstsein, dass wir selbst ja auch gefährdet sind. Paulus sagt im 1. Korintherbrief als Mahnung an die, die sich stark fühlen: »Wer also zu stehen meint, der gebe acht, dass er nicht fällt.« (1 Korinther 10,12) Wir sollen den Bruder oder die Schwester nicht beschämen und sie nicht verurteilen. Wir haben etwas gesehen, was uns schmerzt. Wir spüren, dass der andere einen Weg geht, der in die Irre führt. Wir sprechen ihn an, nicht um uns über ihn zu stellen, und nicht, um ihn anzuklagen. Wir weisen ihn hin auf etwas, was uns Sorgen macht. Wir verurteilen ihn nicht.

In der Psychologie spricht man heute davon, dass man dem anderen immer eine Ich-Botschaft geben soll. Ich soll nicht sagen: »Du hast gesündigt. Du gehst einen falschen Weg. Du bist im Irrtum. Du siehst die Situation falsch.« Vielmehr soll ich immer von mir und meinem Eindruck ausgehen. »Ich habe das Gefühl, dass dir dieser Weg nicht guttut, dass du da von deiner Wahrheit abkommst. Ich bin im Zweifel, ob das für dich gut ist. Mir geht es nicht gut dabei, wenn ich dich auf diesem

Weg beobachte.« Ich bringe immer mich selbst mit ein.
Ich lasse dem anderen die Freiheit, wie er darauf re-
agieren soll. Ich achte seine Würde. Weil er mir wichtig ist, spreche ich ihn an. In einer Gemeinschaft –
wie etwa in unserer Klostergemeinschaft – besteht immer die Gefahr, dass man über die anderen spricht:
»Hast du nicht gesehen, was der getan hat, wie der lebt?
Hast du nicht gehört, was er gesagt hat?« Mit solchem
Gerede über andere verletzen wir sie. Demgegenüber
braucht es Mut, auf den anderen zuzugehen und ihn
anzusprechen. Ich mache mich in diesem Ansprechen
immer selbst verwundbar. Denn ich weiß ja, dass ich
auch nicht völlig richtig liege und alles gut an mir ist.
In der geistlichen Tradition sprechen wir von »correc-
tio fraterna«, von brüderlicher Zurechtweisung. Ich
weiß aus eigener Erfahrung, wie schwer sie uns fällt.
Viel leichter ist es, vom Abt oder von irgendeinem Oberen zu fordern, er solle dafür sorgen, dass der oder die
ihr Verhalten ändern. Wir entrüsten uns beim Oberen
über den Bruder und die Schwester. Aber wir haben
nicht den Mut, sie selbst anzusprechen. Denn der andere könnte ja sagen: »Ausgerechnet du sagst das. Du
hast doch selbst genügend Dreck am Stecken.« Es ist

nicht leicht, den richtigen Ton zu treffen. Wir wollen dem anderen ja weder als Besserwisser noch als der Tugendsame oder gar Vollkommene gegenübertreten. Sich seiner eigenen Schwäche, sich seines eigenen Irrtums bewusst zu sein und sich doch zu trauen, den Bruder oder die Schwester auf etwas hinzuweisen, was uns Sorge bereitet, das kostet Mut und Fingerspitzengefühl. Und doch erleben wir es in der Gemeinschaft, dass sie Schaden leidet, wenn sich niemand mehr traut, den anderen anzusprechen. Dann gibt es eine Spirale nach unten. Anstatt uns gegenseitig zu korrigieren, ahmen wir einander nach in unserem negativen Verhalten und ziehen wir uns nach unten.

Jesus spricht davon, dass es darum geht, den Bruder zu gewinnen. Das bedeutet nicht, ihn auf unsere Seite zu ziehen. Gewinnen meint vielmehr, den anderen für das Leben gewinnen, für Christus gewinnen, für den Weg gewinnen, der ihn zum Leben führt. Es geht nicht darum, andere für uns zu benutzen. Die Frage ist vielmehr immer die, was dem anderen wirklich guttut. In der Psychologie spricht man davon, dass es nach einem Gespräch nie einen Sieger oder Verlierer geben darf.

95

Vielmehr spricht man von einer »win-win«-Situation, in der beide sich als Gewinner fühlen. Nur dann ist die Zurechtweisung des Irrenden ein Werk der Barmherzigkeit, wenn sich der Irrende oder der Sünder als Sieger fühlt, wenn ihm die Augen aufgehen und er sein Leben neu anzuschauen vermag, wenn er sich aufrichtet und gestärkt und zuversichtlich seinen Weg gehen kann.

Wenn das Einzelgespräch nicht gut ausgeht, dann sollen wir nach dem Rat Jesu noch einen oder zwei Brüder oder Schwestern hinzuziehen. Im Dreier- oder Vierergespräch sollen wir den Irrenden oder Fehlenden nicht in die Enge treiben. Es soll keine Situation »zwei gegen einen« oder »drei gegen einen« entstehen. Vielmehr soll uns der Einzelne am Herzen liegen. Vier oder sechs Augen sehen die Situation von verschiedenen Seiten. Der Bruder oder die Schwester mag sich von einem andern besser verstanden fühlen als von mir. In Firmen gibt es Vertrauensleute, die man zuziehen kann, wenn man sich vom Chef nicht verstanden fühlt. Es geht in jedem Gesprächsarrangement darum, dass der, der sich verirrt hat, wieder den Weg findet, der ihn weiterführt, ohne dass er sein Gesicht verliert.

Doch Jesus rechnet auch damit, dass alles Bemühen um einen Bruder oder eine Schwester erfolglos bleibt. Die Bemerkung, »er sei für dich wie ein Heide oder Zöllner« dürfen wir nicht wertend verstehen. Wir haben unser Bestes getan. Wir überlassen den anderen nun sich selbst. Er ist für sich verantwortlich. Er muss unsere Zurechtweisung nicht annehmen. Er hat das Recht, seinen Weg für richtig zu halten. Wir haben versucht, ihm den rechten Weg aufzuzeigen. Aber wir überlassen ihm die Freiheit, für sich den Weg zu finden, auf dem er meint, weiterzukommen und das Leben zu finden. Wir entlasten uns von der Verantwortung. Wir haben an ihm barmherzig gehandelt. Jetzt gehört es auch zur Barmherzigkeit, ihn in Ruhe zu lassen. Er hat das Recht, seinen Weg zu gehen, von dem er glaubt, dass er ihn zum Leben und in die Wahrheit und Freiheit führt.

Irrende zurechtweisen hat auch eine politische Dimension. Es ist unsere Aufgabe, auf Tendenzen aufmerksam zu machen, die uns in eine falsche Richtung treiben. Da ist die Tendenz, alles nur nach finanziellen Gesichtspunkten zu sehen oder unser Miteinander immer mehr zu verrechtlichen. Dabei geht es nicht darum, andere an den Pranger zu stellen und sie anzuklagen. Vielmehr ist es unsere Aufgabe, unser eigenes Bewusstsein und das Bewusstsein der Menschen zu schärfen für Wege, die in die Irre führen. Dichter haben diese Aufgabe immer wieder übernommen. Berühmt ist das Gedicht von Günter Eich, das niemanden anklagt, aber doch alle aufrütteln will, nicht jeden Irrweg mitzugehen:

»Wacht auf, denn eure Träume sind schlecht!
Bleibt wach, weil das Entsetzliche näher kommt!
Wacht darüber, dass eure Herzen nicht leer sind, wenn
mit der Leere eurer Herzen gerechnet wird!
Tut das Unnütze, singt die Lieder, die man aus
eurem Mund nicht erwartet!
Seid unbequem,
seid Sand, nicht das Öl im Getriebe der Welt!«
(Hommel 81)

In der Bibel waren es die Propheten, die das Volk aufrüttelten und auf falsche Wege aufmerksam machten. Wir können uns selbst nicht zum Propheten ernennen. Sonst würden wir uns leicht für unfehlbar hinstellen.

Aber das Christentum muss seine prophetische Dimension bewahren und auf Dinge aufmerksam machen, die viele nicht gerne hören. Es muss den Mut haben, Sand im Getriebe der Welt zu sein und nicht alle Erwartungen der Wirtschaft zu erfüllen.

2. UNWISSENDE LEHREN

Wir sagen manchmal, ein anderer würde sich als Lehrer aufspielen, wenn er alles besser weiß, wenn er uns vermittelt, wir wüssten gar nichts und er wüsste alles. In diesem Sinn kann wohl das zweite geistige Werk der Barmherzigkeit nicht verstanden werden. Unwissend ist ein Mensch, der noch nicht gesehen hat, der etwas nicht gesehen hat. Und lehren kommt von einer gotischen Wurzel »lais«, die bedeutet: »Ich weiß, ich habe gesehen, ich habe nachgespürt.« Unwissende lehren heißt also nicht, dass ich mich über den anderen stelle. Vielmehr geht es darum, dem, der etwas nicht gesehen hat, die Augen zu öffnen, gleichsam zu sagen: »Schau, sieh her. Da ist etwas Interessantes. Da ist etwas, das dich betrifft, das wichtig für dich ist.« Ich belehre nicht, sondern ich zeige ihm etwas, damit er es mit eigenen Augen anschaut.

Wir können auch sagen, die Aufgabe des Lehrers in der Schule ist ein Werk der Barmherzigkeit. Er möchte den Schülern und Schülerinnen, die unwissend sind, die Augen öffnen, nicht damit sie mehr Wissen als abrufbare Lerninhalte erwerben, sondern damit sie mehr sehen, damit sie besser sehen. Lehren ist vor allem eine Augenschule. Lehren geschieht jedoch in erster Linie über das Wort. Die Worte sind wie Schlüssel, die die Augen öffnen. Worte vermitteln nicht nur Sachwissen. Sie berühren den Menschen, sein Herz. Sie schließen eine Tür auf, durch die der Schüler treten kann, um eine neue Welt zu bestaunen. Aber der Lehrer lehrt auch durch sein Beispiel, das zeigt, dass bei ihm Person und Worte übereinstimmen. Mit seiner Person zeigt er, wofür er einsteht und was den Menschen menschlich macht. Der griechische Philosoph Sokrates hat das Lehrersein als Hebammenkunst verstanden. Wie eine Hebamme die Geburt des neuen Menschen unterstützt, so hilft der Lehrer mit seinen Fragen, dass der Schüler die Welt mit neuen Augen sieht und so innerlich erneuert wird.

In der Auseinandersetzung mit den Pharisäern warnt uns Jesus, uns Rabbi, Vater oder Lehrer zu nennen, wie es die Pharisäer taten und wie es offensichtlich auch einige Schriftgelehrte in der christlichen Gemeinde taten. Die drei Begriffe zeigen drei Aspekte des Lehrers. Rabbi heißt eigentlich »mein Gebieter« oder »mein Großer«. Es besteht also die Gefahr, sich als Lehrer über die Schüler, über die Unwissenden zu stellen. Dagegen setzt Jesus auf die Gleichheit aller Christen untereinander. »Nur einer ist euer Meister, ihr alle aber seid Brüder.« (Matthäus 23,8) Die Pharisäer ließen sich gerne Vater nennen. Jesus verweist auf Gott, unseren einzigen Vater. Es besteht heute die Gefahr, dass Lehrer sich ihre Schüler abhängig machen. Das geschieht nicht so sehr in der Schule, aber in geistlichen Bewegungen. Wenn sich jemand »Schüler von NN« nennt, bin ich immer skeptisch. Ich will nicht, dass sich jemals jemand als mein Schüler bezeichnet. Sie sollen Schüler Jesu sein. Im frühen Mönchtum sprach man von geistlicher Vaterschaft. Aber die Mönche legten strenge Maßstäbe an und warnten vor Mönchen, die sich selbst als Väter für andere aufspielen. Beim dritten Ausdruck für »Lehrer« gebraucht Matthäus »kathegetes«. Dieses Wort wurde bei den Griechen für Aristoteles gebraucht. Es meint den Lehrer der Philosophen, den geistigen Berater und Gewissensleiter. Kein Mensch soll über unser Gewissen bestimmen, sondern allein Christus. Er allein ist unser wahrer Lehrer. Matthäus hat uns Jesus als den wahren Lehrer beschrieben, der nicht nur durch seine Worte mit Vollmacht lehrt, sondern auch durch sein Beispiel. Er erfüllt mit seinem Leben und Leiden, was er seine Jünger gelehrt hat. Matthäus schildert uns die Passion Jesu so, dass in ihr die Bergpredigt für alle Betrachter sichtbar und erfahrbar wird.

Die Unwissenden lehren, das geschieht nicht so sehr im Anhäufen von Wissen, sondern dadurch, dass wir den Menschen in ihrem Glauben helfen, ihr Leben aus dem Glauben zu leben. Dazu gehört sicher auch Glaubenswissen, aber kein abstraktes Wissen. Das Wissen des Glaubens bezieht sich immer auf den Menschen. Wenn ich über Gott spreche, spreche ich immer auch über den Menschen. Alle theologischen Einsichten sollen uns nicht nur helfen, das Geheimnis Gottes zu verstehen, sondern auch das Geheimnis unseres eigenen Lebens, unserer Beziehung zu Gott. Wir können unser Mensch-sein nur richtig sehen, wenn wir Gott mit klaren Augen schauen. Falsche Gottesbilder führen auch zu krankmachenden Selbstbildern.

Mir erzählte eine Frau von einem Prediger, der sehr geistreich predigt: »Man fühlt sich bei der Predigt doziert.« Der Prediger breitet sein theologisches und psychologisches Wissen aus. Aber er vermittelt der Hörerin, dass sie nichts weiß. Richtiges Lehren geschieht anders. Ich spreche so zu den Menschen, dass sie ihre eigenen Gedanken wiedererkennen. Sie sagen dann: »Durch Ihre Worte kam ich in Berührung mit meinem eigenen Denken. Eigentlich habe ich selbst immer schon so gedacht, aber ich habe mich nicht getraut, das auszusprechen.« Erkennen ist immer auch Wiedererkennen. Ich erkenne durch die Worte des »Lehrers« meine eigenen Überlegungen und Ahnungen wieder. Und ich traue mich nun, das Leben so zu sehen, wie es meine Seele schon immer gesehen hat. Die Meinungen anderer haben mir das Gespür für meine eigene Seele genommen.

Lehren ist Hebammenkunst. Sie hilft, die Kunst des Lebens zu lernen. Geistliches Leben ist immer auch Kunst des gesunden Lebens. Den Unwissenden lehren heißt, ihm Worte zu geben, die einführen in die Kunst des Lebens, Worte des Lebens zu sprechen, die das Leben im anderen hervorlocken. Der Dichter Ernst Hello sagte einmal: »Wer ein Wort des Lebens besitzt und es nicht weitergibt, der gleicht einem Menschen, der zur Zeit der Hungersnot Korn im Speicher hat und die Hungrigen an seiner Schwelle umsinken lässt.« (Zit. nach Ida Friederike Görres, Des Anderen Last, Freiburg 1957) Ich kann dem anderen nur Worte des Lebens geben, wenn ich sie selbst erprobt habe, wenn mir diese Worte selbst Leben geschenkt haben. Solche Worte weiterzuschenken, ist ein Werk der Barmherzigkeit.

Ich begegne vielen Menschen, die unwissend sind im Blick auf den Reichtum christlicher Botschaft. Sie sind in ihrer religiösen Sozialisation von Vertretern der Kirche verletzt worden. Sie haben eher den Geschmack des Angstmachenden und Engen in sich aufgenommen. Es war ihnen zu viel von Leid und Sünde die Rede. So haben sie sich von ihren christlichen Wurzeln abgewandt und anderen religiösen Lehren zugewandt, vor allem solchen aus dem Osten. Doch irgendwann spüren sie, dass ihnen die Wurzeln verdorren und ihr Leben erstarrt. Sie sehnen sich nach den ursprünglichen Wurzeln. Aber die Vorurteile, die sich durch die Verletzungen in ihnen gebildet haben, verstellen ihnen den Blick für das Heilsame und Befreiende der christlichen Botschaft. Da sehe ich es als wichtige Aufgabe der Kirche, die christliche Botschaft so zu verkünden, dass die Unwissenden wieder sehen lernen, dass sie die barmherzige und menschenfreundliche Botschaft Jesu mit neuen Augen sehen und dass sie in ihr den Weg zum Leben finden. Dann werden sie entdecken, dass die christliche Lehre keine abstrakte Lehre ist, sondern ein Weg zum wahren Leben, ein Weg auch zum barmherzigen Umgang mit sich selbst und miteinander.

3. ZWEIFELNDEN RECHT RATEN

Der Zweifel gehört zum Leben. Die Philosophie spricht vom philosophischen Zweifel, der mich zwingt, mein Erkenntnisvermögen zu schulen und weiter zu fragen. Der Zweifel dient der Wahrheitssuche. Zweifel macht den Menschen menschlich. Solange er zweifelt, macht er sich auf den Weg, sucht er weiter nach der Wahrheit und nach dem Leben. Die Menschlichkeit des Zweifels kommt in dem Gedicht von Erich Fried schön zum Ausdruck:

»Zweifle nicht
An dem
Der dir sagt
Er hat keine Angst.

Aber hab Angst
Vor dem
Der dir sagt
Er kennt keinen Zweifel.«

Wer meint, er würde keinen Zweifel kennen, erhebt sich über sein Menschsein. Solange wir leben, zweifeln wir. Aber es kommt darauf an, durch den Zweifel hindurch immer wieder zum Glauben zu gelangen.

Zweifel ist zusammengesetzt aus zwei und falten. Es meint also letztlich eine Ungewissheit bei zweifacher Möglichkeit. Es gibt zwei Möglichkeiten für die richtige Einsicht, für die richtige Erkenntnis, für die richtige Entscheidung. Der Zweifel zwingt mich, mich für eine Möglichkeit zu entscheiden. Solange ich zweifle, weiß ich aber nicht, was das Richtige ist. Da unser Wissen immer relativ ist, werden stets Zweifel in uns aufkommen. Diese drängen uns dazu, weiter zu fragen und uns nicht mit billigen Antworten zufriedenzugeben. Dem Zweifelnden muss ich nicht raten. Ich soll mit ihm sprechen, seine Zweifel anhören und dann versuchen, die Antwort, die in mir auftaucht, zu formulieren. Der Zweifel des anderen fordert mich selbst heraus, genauer hinzuschauen, was mich trägt und welche Möglichkeit für mich stimmig wäre. Doch was ich für mich erkannt habe, kann ich dem anderen zwar mitteilen. Aber woher nehme ich das Recht, dem andern zu raten? »Guter Rat ist teuer«, sagt das Sprichwort. Ratgeberliteratur boomt. Doch soll unser Rat aus der Schublade irgendwelcher Bücher kommen? Dem Zweifelnden raten heißt für mich, ihm das zu sagen, was mir helfen würde, wie ich mich entscheiden würde. Dem Ratsuchenden lasse ich die Freiheit, dass er unter meinen Worten das heraussucht, was für ihn stimmt.

Der Zweifel gehört auch zum Glauben. Manchmal klagen sich alte Leute im Beichtstuhl an, dass sie am Glauben gezweifelt hätten. Doch der Glaubenszweifel zwingt uns, zu unterscheiden zwischen den Bildern, die wir uns von Gott gemacht haben, und dem wahren Gott, der letztlich immer der ganz andere und unbegreifliche Gott ist. Der Glaubenszweifel bewahrt mich davor, mich in Sicherheit zu wiegen. Und er bewahrt mich davor, mich über andere zu stellen. Manchmal höre ich Gläubige, wie sie über die Ungläubigen schimpfen: »Die wollen ja nicht glauben. Es ist doch alles so klar vor Augen.« Der Zweifel am Glauben zeigt mir, dass Atheismus und Unglauben auch in mir sind. Viele Heilige haben diese Zweifel am Glauben erlebt, etwa eine Therese von Lisieux oder ein Pfarrer von Ars oder in jüngster Zeit Mutter Teresa von Kalkutta. Manche sind erschrocken, als sie lasen, dass diese immer lächelnde Frau tiefe Glaubenszweifel hatte. Doch ihr Zweifel war die Bedingung, dass sie sich den Menschen zugewandt und dass sie die Menschen verstanden hat. Sie hat sich nicht über sie gestellt. Zweifel führen uns in die Solidarität mit den Menschen. Wir verzichten darauf, uns mit unserer Glaubensgewissheit über sie zu stellen. Peter Wust, der katholische Philosoph, der im Dritten Reich für viele Theologiestudenten ein überzeugendes Beispiel seines Glaubens gegeben hat, hat ein Buch geschrieben, das damals den Bischöfen gar nicht gefallen hat: »Ungewissheit und Wagnis«. Darin beschreibt er, dass unser Glaube immer ein Wagnis ist, das wir uns gegen die Ungewissheit abringen.

Beim Beten und Meditieren kommen mir manchmal Zweifel hoch: »Ist das alles nur Einbildung? Machst du dir deine Theologie zurecht, damit du dich besser fühlst und besser mit deiner Angst vor dem Tod und mit deiner Einsamkeit zurechtkommst?« Ich lasse dann diese Zweifel zu und sage mir: »Ja, es kann sein, dass alles Einbildung ist. Aber wenn alles nur Einbildung ist, dann können wir letztlich gar nichts erkennen. Dann ist alles absurd.« Wenn ich die Zweifel zu Ende denke, dann steigt in mir eine tiefe innere Gewissheit auf: »Ich traue der Bibel, ich traue der hl. Teresa, dem hl. Augustinus, der hl. Edith Stein. Ich setze auf diese Karte.« Wenn ich eine Predigt halte oder wenn ich ein Buch schreibe, dann frage ich mich immer wieder: »Was heißt das wirklich? Was bedeutet das, dass Gott in Jesus Christus Mensch geworden ist? Was meinen Auferstehung und das ewige Leben?« Diese zweifelnden Fragen zwingen mich, für mich eine Antwort zu formulieren, die mich zufrieden stellt. Bevor ich also Zweifelnden einen Rat gebe, muss ich mir in meinen Zweifeln selbst eine Antwort geben, die mich zufriedenstellt.

Was heißt »recht raten«? Das deutsche Wort »Rat« bedeutet ursprünglich »Mittel, die zum Lebensunterhalt notwendig sind«. Daher kommt das Wort Hausrat oder Heirat. Raten heißt von daher: für jemanden sorgen, Vorsorge treffen, sich etwas geistig zurechtlegen, überlegen. Im Deutschen gibt es das Wort »Ratschlag«. Doch darin steckt das Wort »schlagen«. Daher – so sagen die Psychologen – sollen wir Ratschläge vermeiden. Denn damit versetzen wir dem anderen einen Schlag. Vom Ursprung her meint raten jedoch etwas anderes: Ich sorge mich um den anderen. Ich überlege, was er zum Leben braucht. Ich lege mir Worte zurecht, die ihm helfen, die Situation, in die er geraten ist, zu bestehen. Einem Zweifelnden raten meint dann: Ich überlege, was der andere an Vorrat braucht, um in seinen Zweifeln eine Entscheidung zu treffen, um trotz seiner Zweifel zu einer Meinung zu kommen, die ihm weiterhilft, und trotz seiner Glaubenszweifel ein Vertrauen zu entdecken, das ihn trägt. Raten meint, den anderen mit seinen Ressourcen in Berührung bringen, aus denen er schöpfen kann, wenn er in Zweifel gerät.

Zweifel gehören zum Leben und zum Glauben. Aber Zweifel können manchmal in Verzweiflung münden. Dann sind sie nicht mehr harmlos. Dann helfen sie nicht, den Glauben zu vertiefen oder zu einer klugen Entscheidung zu gelangen. Verzweiflung ist Ausweglosigkeit. Man hat das Gefühl, es habe keinen Sinn, weiterzukämpfen, weiterzuleben. Das Leben ist zu schwer. Oft ist es die Verzweiflung an sich selbst, am eigenen Gut-sein: Ich werde es nie schaffen, richtig zu leben. Ich werde nie ein gottgefälliger Mensch sein. Der Philosoph Josef Pieper nennt die Verzweiflung die »Vorwegnahme der Nicht-Erfüllung«. In der Verzweiflung habe ich jedes Vertrauen in Gottes Vorsehen verloren. Gott wird mir nie meine tiefste Sehnsucht erfüllen. Es hat alles keinen Sinn. Gott wird mir auch nicht helfen. Ich verzweifle an mir selbst. Aus mir wird nie etwas werden. Und ich verzweifle an Gott, von dem ich nichts mehr erwarte.

Im Lateinischen heißt Verzweiflung »desperatio« und bezeichnet das Aufgeben aller Hoffnung. Die Hoffnungslosigkeit aber ist die Hölle. Dante hat ja über die Hölle das Wort geschrieben: »Lass alle Hoffnung fahren!« In solche Verzweiflung geraten Menschen oft ohne Schuld. Die Schicksalsschläge waren zu hart. Sie haben dazu geführt, alles Vertrauen in Gottes Güte zu verlieren. Kierkegaard nennt die Verzweiflung die »Krankheit zum Tode«. Einem Verzweifelten zu raten, das ist nicht leicht. Wir müssen erst einmal seine Verzweiflung aushalten, bevor wir ein Wort sagen. Und jedes Wort will bedacht sein, ob es nicht zu leicht befunden wird, wenn es in die Verzweiflung hinein ertönt.

Verzweiflung als die Aufgabe jeder Hoffnung verlangt nach meiner Hoffnung. Hoffnung – so sagt der französische Philosoph Gabriel Marcel – ist immer Hoffnung auf dich und für dich. Ich kann dem Verzweifelten keinen Rat geben, der ihm die Verzweiflung nimmt. Ich kann nur an der Hoffnung für ihn festhalten, damit er mitten in der Verzweiflung wieder Hoffnung schöpfen kann. Wenn ich an der Hoffnung für ihn festhalte, darf ich ihn auch fragen: »Worauf hoffst du? Wonach sehnst du dich?« Vielleicht wird er antworten, dass er auf nichts mehr hofft. Dann kann der Rat, der ihm einen Vorrat an Kraft, an dem zum Leben Notwendigen, gibt, die Zusage sein: »Aber ich hoffe auf dich und für dich. Ich gebe die Hoffnung nicht auf, dass du durch die Verzweiflung hindurch einen Grund in dir findest, auf den du dein Leben bauen kannst. Die Verzweiflung hat dir den bisherigen Grund genommen und die Vorstellung zerstört, wie dein Leben sein sollte. Aber vielleicht weist dir die Verzweiflung den Weg zum Grund, mitten in den Nullpunkt deiner Existenz hinein. Dort, in der Tiefe deines Daseins, ist Gott der Grund, auf den du bauen kannst, auf den du hoffen darfst wider alle Hoffnung.« Verzweifelten recht raten, ihnen wieder einen Grund der Hoffnung zu geben, das ist wahrhaftig ein Werk der Barmherzigkeit.

4. TRAUERNDE TRÖSTEN

Trauernde erzählen mir oft, wie einsam sie sind. Freunde meiden sie. Bekannte wechseln die Straßenseite, wenn sie ihnen begegnen. Manche fragen dann: »Ist die Trauer wie ein Aussatz, dass man mich so meidet?« Doch häufig entschuldigen sie ihre Freunde und Bekannten und meinen, sie wären hilflos, sie wüssten nicht, was sie sagen oder tun können. Andere Trauernde fühlen sich verletzt, wenn Freunde sagen: »Jetzt ist es doch schon ein halbes Jahr her, dass dein Mann, dein Kind gestorben ist. Das Leben geht weiter. Fahre mal in Urlaub. Dann kommst du auf andere Gedanken.« Sie haben den Eindruck, sie werden in ihrer Trauer nicht ernst genommen. Mit irgendwelchen Floskeln möchte man die Trauer überspielen und abtun. Trauernde brauchen Trost. Sie sehnen sich nach Menschen, die noch am Trösten als Werk der Barmherzigkeit festhalten.

Die Bibel zeigt uns, wie falscher Trost den Menschen eher verletzt als aufbaut. Als Hiob voller Trauer ist über den Verlust seiner Söhne und Töchter, kommen seine Freunde. Sie setzen sich sieben Tage lang schweigend zu ihm. Sie halten immerhin sieben Tage lang seine Trauer aus, ohne sie ihm auszureden. Aber als sie zu sprechen beginnen, kommen sie nicht los von dem, was sie in der Schule über Gott und Gottes Gerechtigkeit gelernt haben. Sie bleiben bei ihrer Deutung: Wenn jemand solches Leid getroffen hat, dann muss er gesündigt haben, dann muss er letztlich selbst daran schuld sein. Hiob wehrt sich gegen diesen Schuldvorwurf. Und er wirft seinen Tröstern vor: »Ähnliches habe ich schon viel gehört; leidige Tröster seid ihr alle. Sind nun zu Ende die windigen Worte, oder was sonst reizt euch zum Widerspruch? Auch ich könnte reden wie ihr, wenn ihr an meiner Stelle wäret, schöne Worte über euch machen und meinen Kopf über euch schütteln.« (Hiob 16,2-4) Wer trösten will, muss sich jeder Deutung enthalten. Es steht mir nicht zu, das Leid des andern zu kommentieren oder zu deuten oder nach den Ursachen zu fragen. Vor allem aber steht es mir nicht zu, dem anderen zu vermitteln, dass er selbst am Leid schuld sei. Das ist nicht Trost, sondern Anklage. Dagegen wehrt sich Hiob zu Recht.

Das deutsche Wort »Trauer« kommt von »fallen, matt und kraftlos werden«. Der Trauernde fühlt sich ohne Kraft. Er hat keinen Grund unter den Füßen. Da sehnt er sich nach einem, der ihm Trost schenkt. Trost hängt mit Treue zusammen und meint: innere Festigkeit. Die Trauernden sehnen sich nicht nach Menschen, die sie mit frommen Worten vertrösten oder mit dem Hinweis auf Bibelstellen die Trauer überspringen möchten. Trost besteht nicht zuerst in Worten. Der wird für mich zum Tröster, der es bei mir in meiner Trauer, in meiner Verzweiflung, in meiner Wut, in meiner Hilflosigkeit aushält, der meine Tränen aushält und nicht vor ihnen davonläuft oder die Augen verschließt. Trösten heißt einfach: stehen bleiben bei dem Trauernden, festen Stand behalten in der Haltlosigkeit der Trauer. Wenn ich es beim Trauernden aushalte, ohne dass ich mit Worten seine Trauer zudecke – oder ihn, wie man heute oft sagt: zutexte –, dann wird der Trauernde irgendwann erzählen, was er vermisst, was ihn so schmerzt. Ich lade ihn ein, zu erzählen, wie der Abschied war, wie er den Sterbenden, den Toten erlebt hat. Ich gebe keinen Rat. Ich sage keine Lösung. Ich höre einfach zu und bleibe stehen. Das ist Trost.

Das lateinische Wort für »trösten« ist »consolari«. Es meint eigentlich: »mit dem Einsamen sein«. Die Römer haben den Trost offensichtlich so erfahren, dass es jemand wagt, in den Raum der Einsamkeit hineinzugehen und die Einsamkeit auszuhalten. Jemand bleibt bei mir, damit ich es bei mir aushalten kann. Das griechische Wort »parakalein« hat viele Bedeutungen: »herbeirufen, ermuntern, trösten, zusprechen, beistehen«. Der Heilige Geist wird ja von Johannes immer der »Paraklet«, der »Beistand«, der »Tröster« genannt. Er ist der Herbeigerufene, der uns beisteht und tröstet. Für uns Menschen heißt trösten in diesem Sinn: dem anderen beistehen in seiner Not, aber auch Worte zusprechen, die sein Herz berühren, die mitten in der Kraftlosigkeit stärken. Für die Bibel geschieht Trösten aber nie nur in Worten, sondern auch im Ritual. Die Schrift kennt das Ritual des Trostbechers, dem man dem anderen zu trinken gibt. Jesus hat dieses Ritual aufgegriffen. Er reicht den Jüngern den Trostbecher. In jeder Eucharistiefeier gibt er uns den Trostbecher seiner Liebe zu trinken. Der Kelch mit Wein ist sein Blut, das er für uns vergossen hat. Er steht für seine Liebe, mit der er sich für uns hingegeben hat. Er gibt sich in diesem Becher selbst in unsere Einsamkeit. Er gibt uns keine Antwort auf die Trauer, sondern lässt uns seine Liebe trinken, damit sie uns stärkt. Die Art, wie Jesus Trost spendet durch den Kelch seines Blutes, ist auch für unser Werk der Barmherzigkeit maßgebend. Wir sollen nicht fromme Worte machen, sondern dem anderen den Kelch unserer Liebe reichen, damit er daraus trinkt.

Mir erzählte der Pfarrer einer Freikirche von seiner tiefen Trauer über den Tod seines Freundes. Doch im Gottesdienst meinten seine Mitbrüder, als Christen dürften wir nicht trauern. Sie stimmten Lobpreislieder an. Doch diesem Pfarrer war nicht nach Lobpreis. Er musste nur noch weinen. Er fühlte sich in seiner Trauer nicht ernst genommen. Paulus hat den Thessalonichern von den Verstorbenen geschrieben, die Christus zur Herrlichkeit führen wird, damit sie nicht trauern »wie die andern, die keine Hoffnung haben«. (1 Thessalonicher 4,13) Manche Christen haben dieses Wort des

Apostels so verstanden, dass wir nicht trauern dürften, weil wir doch an die Auferstehung glauben. Doch Paulus wollte mit seinem Ausblick auf das, was uns im Tod erwartet, nicht die Trauer überspringen. Auch wenn wir glauben, dass der Verstorbene nun bei Gott im Frieden ist, tut uns der Abschied weh. Wir trauern ja nicht, dass der Verstorbene verloren ist, sondern dass wir ihn verloren haben, dass wir nicht mehr mit ihm sprechen können. Diesen Schmerz der Trauer sollen wir durch keine religiösen Ideen überspringen. Der Glaube hilft uns, die Trauer zu überwinden. Aber er bewahrt uns nicht davor. Wer die Trauer nicht spüren will, der missbraucht den Glauben, um seiner eigenen Bedürftigkeit und seinem Schmerz aus dem Weg zu gehen.

Es gibt nicht nur die Trauer um den Tod eines lieben Menschen. Jeder Verlust löst in uns Trauer aus, sei es der Verlust der Liebe in einer zerbrechenden Ehe, der Verlust der Arbeit, der Gesundheit, der Freundschaft. Verpasste Chancen lösen Trauer aus und auch die Defizite unseres Lebens, die uns in der Trauer schmerzlich bewusst werden. Jesus preist die Trauernden selig und verheißt ihnen: »Denn sie werden getröstet werden.« (Matthäus 5,4) Jesus will nicht, dass wir die Trauer überspringen. Mir ist in den letzten Jahren neu aufgegangen, dass viele Menschen nicht zum Leben kommen, weil sie ihre Defizite nicht betrauern. Sie betrauern nicht, dass ihre Ehe nicht so geworden ist, wie sie sich erhofft hatten, dass sie nicht die Arbeit gefunden haben, die sie erfüllt, dass ihre Firma, ihr Verein, ihre Gemeinschaft nicht so ideal ist, wie sie sich das erträumt haben. Und sie betrauern nicht, dass sie in ihrer Kindheit nicht das bekommen haben, was sie ersehnt haben. Auch in der Kirche erlebe ich viel Resignation. Diese kommt oft daher, dass man den Zustand der Kirche und der Gemeinden nicht betrauert. Die Gemeinden sind nicht mehr so wie in den fünfziger Jahren des letzten Jahrhunderts. Nur wenn ich den Zustand betrauere, komme ich mit neuen Kräften und Möglichkeiten in mir in Berührung. Trauernde trösten heißt nicht, sofort ein frommes Pflaster auf die Defizite der eigenen Lebensgeschichte zu kleben, sondern die Menschen zu ermutigen, das, was ihnen weh tut und was ihnen fehlt, zu betrauern. Nur so wachsen sie in ihrer eigenen Kraft. Durch die Trauer kommen wir in Berührung mit dem Beistand, der uns tröstet und uns beisteht.

Der Beistand, der Heilige Geist ist der wahre Tröster, der mit uns in unsere Trauer geht und sie von innen her verwandelt. Die Trauer ist die Bedingung, dass wir den Heiligen Geist erfahren können.

Jesus mutet seinen Jüngern die Trauer zu: »Euer Herz ist von Trauer erfüllt, weil ich euch das gesagt habe. Doch ich sage euch die Wahrheit: Es ist gut für euch, dass ich fortgehe. Denn wenn ich nicht fortgehe, wird der Beistand nicht zu euch kommen; gehe ich aber, so werde ich ihn zu euch senden.« (Johannes 16,6f.) Jesus traut den Jüngern den Schmerz über sein Weggehen und seine Abwesenheit zu. Sie müssen es aushalten und betrauern, dass sie Jesu Nähe nicht spüren, dass er ihnen weit weg erscheint in ihrem Leid. Aber er deutet ihnen ihre Trauer. Es ist gut, dass er fortgeht, und es ist gut, dass sie sein Fortgehen betrauern. Denn nur, wenn Jesus von uns fortgeht und wir seinen Abschied betrauern, kommt der Beistand, etwas Neues, der Heilige Geist, der ihnen nicht nur von außen beisteht, sondern der in ihnen ist. Durch die Trauer hindurch sollen sie den Heiligen Geist in sich erkennen. Im Heiligen Geist ist Jesus selbst im Herzen der Jünger. Das ist der eigentliche Trost, den auch wir Christen vermitteln sollen. Nicht wir können Trost schenken. Wir können nur auf den wahren Trost verweisen, der im Herzen jedes Menschen ist: der Heilige Geist. In uns ist nicht nur die Trauer, nicht nur der Schmerz, nicht nur die Verzweiflung und Ohnmacht. In uns ist auch der Geist Jesu. Und dieser Geist wird uns durch alles Leid hindurchführen. Dieser Heilige Geist wird in uns eine neue Geburt bewirken. Jesus vergleicht uns mit einer Frau, die vor der Geburt ihres Kindes voller Trauer ist (lype). »Aber wenn sie das Kind geboren hat, denkt sie nicht mehr an ihre Not über der Freude, dass ein Mensch zur Welt gekommen ist. So seid auch ihr jetzt bekümmert (voller Trauer), aber ich werde euch wiedersehen; dann wird euer Herz sich freuen, und niemand nimmt euch eure Freude.« (Johannes 16,21f.) Der wahre Trost besteht darin, auf die neuen Möglichkeiten zu verweisen, die in der Trauer liegen. Durch die Trauer hindurch will das Kind in uns geboren werden, will Christus sich in uns einprägen. Er wird in uns sein und mit uns sein. Das verwandelt unsere Trauer in eine Freude, die uns niemand mehr nehmen kann. Dafür sollen wir mit unserem Leben, mit unserem Glauben und mit unserem

Mitsein mit den Trauernden zeugen. Dann erweisen wir ihnen die Barmherzigkeit, die Christus der trauernden Witwe von Nain gezeigt hat. ER hat mit ihr gefühlt, ist auf sie zugegangen und hat sie angesprochen. ER hat ihr mitten in der Trauer Mut gemacht, ihren Sohn loszulassen. Das Wort Jesu an die trauernde Mutter »Weine nicht!« (Lukas 7,13) will ihr die Augen öffnen, dass sie die vielen Menschen sieht, die sie begleiten. Sie ist nicht alleingelassen. Sie hat viele Freunde und Freundinnen, die mit ihr das Leben teilen. Jesus geht barmherzig mit der Trauernden um, damit wir in seiner Nachfolge Trauernde trösten und so barmherzig an ihnen handeln.

5. LÄSTIGE GEDULDIG ERTRAGEN

Das fünfte geistige Werk der Barmherzigkeit wird heute meist mit »Lästige geduldig ertragen« bezeichnet. Früher sprach man von »Unrecht geduldig ertragen«. Das meint etwas anderes. Durch die negative Erfahrung des Dritten Reiches ist diese frühere Bezeichnung heute eher verdächtig. Wenn Christen alles Unrecht, das der Staat den Menschen antut, geduldig ertragen, tragen sie dazu bei, dass das Unrecht sich ausbreiten kann. Die frühere Formulierung hat nur da einen Sinn, wo mir persönlich Unrecht geschieht. Da kann ich entweder dagegen protestieren oder aber ich kann es geduldig ertragen. Das geduldige Ertragen bedeutet jedoch nicht, dass ich rein passiv alles an mir geschehen lasse. Vielmehr ist es eine bewusste Entscheidung, wie Jesus nicht gegen alles Unrecht zu protestieren, sondern es anzunehmen, ohne sich davon zerbrechen oder verbiegen zu lassen. Ich kann das Unrecht nur geduldig ertragen aus der Position des Starken, der das Unrecht aushält und es durchsteht, der die Hoffnung nicht aufgibt, dass das Unrecht nicht das letzte Wort ist. Wenn ich darauf vertraue, dass Gott mir Recht schafft, dann muss ich nicht jedes Unrecht zurechtrücken. Mitten im Unrecht erfahre ich mein Recht auf Leben, das mir niemand streitig machen kann. Die Bergpredigt sagt, dass wir Söhne und Töchter Gottes sind, von Gott bedingungslos geliebt. Diese Erfahrung macht uns unabhängig gegenüber dem Unrecht von Menschen. Allerdings führt uns Jesus im Gleichnis von der Witwe und dem unbarmherzigen Richter doch eine Frau vor Augen, die um ihr Recht kämpft. Im Gebet erfährt sie Recht auf Leben. Da kommt sie mit dem inneren Raum in Berührung, in dem Gott in ihr wohnt und niemand sie verletzen kann. Da erfährt sie den Gott, der ihr Recht schafft. (Lukas 18,1–8)

Lästige geduldig ertragen zielt auf Personen. Lästig ist jemand, der uns zur Last fällt, der uns belästigt, der uns eine Last aufbürdet. Oft gebrauchen wir dieses Wort im Sinn von unangenehm. Lästig ist mir jemand, der mir unangenehm ist, der schwer auf mir liegt, der mir auf die Nerven geht mit seinem Verhalten. Auch hier bedeutet dieses Werk der Barmherzigkeit nicht, dass ich rein passiv alles an mir geschehen lasse und jeden Menschen, auch wenn er mir noch so lästig wird, ertrage. Vielmehr muss ich unterscheiden, was jetzt mehr im Geist Jesu ist. Manchmal entspricht es dem Geist Jesu, dass ich den anderen zurechtweise, dass ich ihn daraufhin anspreche, dass er mir lästig fällt und mich belästigt. Ich weise den andern darauf hin, dass er mit seinem Verhalten keine Freunde gewinnt, sondern sich selbst das Leben schwer macht. Das Ansprechen ist im-

125

mer mit der Hoffnung verbunden, dass der andere sich ändern kann und es so sich selbst und anderen leichter macht. Ein anderer Weg gegenüber lästigen Menschen besteht darin, sich abzugrenzen. Vor allem bei Menschen, die keine Grenzen akzeptieren, ist es wichtig, auf die eigene Grenze zu pochen und sie vor grenzenlosen Menschen zu schützen. Zumindest brauche ich dann innere Distanz zu diesen Menschen, damit ihre Last mich nicht erdrückt.

Aber diese beiden Verhaltensweisen allein genügen nicht im Umgang mit lästigen Menschen. Es gibt im Zusammenleben in einer Gemeinschaft, in einer Firma, in der Familie immer auch etwas am anderen, was ich tragen muss. Ich kann die Last des anderen weder durch ein Gespräch aus der Welt schaffen, noch indem ich mich von ihm abgrenze, noch indem ich dagegen kämpfe. Denn das Abgrenzen kann auch dazu führen, dass ich jede Beziehung abbreche. Der dritte Weg ist eben, den Menschen so, wie er ist, zu tragen und zu ertragen. Paulus nennt dieses Ertragen das Gesetz Christi: »Einer trage des anderen Last; so werdet ihr das Gesetz Christi erfüllen.« (Galater 6,2) Eine Gemeinschaft kann auf Dauer nur bestehen, wenn die Einzelnen bereit sind, einander zu ertragen. Der hl. Benedikt hat das gewusst, wenn er am Ende seiner Regel den Mönchen einschärft: »Ihre körperlichen oder charakterlichen Schwächen sollen sie gegenseitig mit großer Geduld ertragen.« (RB 72,5) Dieses Ertragen der Schwächen des andern ist für Kassian, den Mönchsschriftsteller, dem Benedikt in vielem folgt, immer ein Zeichen von Stärke: »Wer den andern aushält und erträgt, zeigt sich stark; wer dagegen schwach, fast krankhaft veranlagt ist, den muss man vorsichtig und sanft behandeln.«

In beiden Formulierungen »Unrecht geduldig ertragen« und »Lästige geduldig ertragen« kommt die Geduld vor. Das deutsche Wort Geduld kommt von »dulden«, das wiederum vom lateinischen »tolerare« (tragen) kommt. Geduld und Ertragen gehören also zusammen. Das griechische Wort für Geduld »hypomone« bedeutet eigentlich: darunter bleiben, aber zugleich auch: Standfestigkeit beweisen, einen Angriff abwehren. Geduld ist also nicht etwas rein Passives. Sie hat durchaus die Fähigkeit, etwas zu tragen, ohne einzuknicken. Aber sie ist auch der Widerstand gegen feindliche Kräfte. Man gibt nicht auf, sondern man kämpft geduldig. Man hält stand. Für die frühen Christen war Geduld gefragt als Standhalten und Ausharren in der Verfolgung. Paulus fordert die Römer auf: »Seid fröhlich in der Hoffnung, geduldig in der Bedrängnis, beharrlich im Gebet.« (Römer 12,12) Im Griechischen heißt es hier: »hypomenontes« = seid standhaft, bleibt stehen, leistet Widerstand. Das Lateinische übersetzt dieses Wort in »patientes«. Das meint mehr das passive Dulden, das Erleiden.

Wenn wir auf dem Hintergrund der biblischen Aussagen über Geduld das geduldige Ertragen der Lästigen betrachten, dann kann es heißen: »Gebt denen, die euch belästigen, nicht so viel Macht. Bleibt standhaft. Zeigt Stehvermögen. Fallt nicht um! Bleibt bei euch. Lasst euch nicht verbiegen. Der lästige Bruder, die nervende Schwester dürfen so sein, wie sie sind. Aber lass dich von ihnen nicht bestimmen. Steh zu ihnen. Aber trage nicht ihre ganze Last. Denn die müssen sie selbst tragen. Trage sie mit, damit sie in der Gemeinschaft ihren Platz haben. Aber lass die Gemeinschaft nicht von ihnen bestimmt werden. Das würde sie nur erdrücken. Wenn du in Christus deinen Grund, dein Fundament hast, dann kannst du auch die Schwachen und Lästigen tragen, ohne daran zu zerbrechen.«

Alle anderen Werke der Barmherzigkeit bestehen immer in einem aktiven Tun. Das fünfte geistige Werk scheint in einem passiven Erdulden zu bestehen. Doch das stimmt nicht. Auch das Ertragen ist etwas Aktives. Es verlangt ein gutes Stehvermögen. Es bedarf der Einübung in das gute Stehen. Ich muss in meiner Mitte stehen, damit ich auch die tragen kann, die keine Mitte haben. Ich werde unter dieser Last nicht zerbrechen. Ich bleibe in mir, in Christus, stehen. Ich bleibe standhaft und lasse mich nicht in die Flucht schlagen. Dieses standhafte, »geduldige« Stehen ist von der Hoffnung getragen, dass auch die, die keinen Stand haben und sich daher an die anlehnen möchten, die Stehvermögen zeigen, irgendwann zu sich stehen werden. Dann wird die Last, die sie jetzt noch sind, von uns abfallen. Wir haben sie getragen, solange sie schwach waren. Doch wir haben sie nicht aus eigener Kraft getragen, sondern in der Kraft Jesu Christi. Und wir dürfen hoffen, dass diese Kraft Christi durch uns auch in die hineinströmt, die wir geduldig ertragen. Geduld ist nur dann Geduld im Sinn der Bibel, wenn sie von Hoffnung erfüllt ist. Im Römerbrief sagt Paulus: »Wie kann man auf etwas hoffen, das man sieht? Hoffen wir aber auf das, was wir nicht sehen, dann harren wir aus in Geduld.« (Römer 8,25) Wir können den anderen in Geduld ertragen, weil wir in uns die Hoffnung tragen auf das, was wir jetzt noch nicht sehen: die Kraft des andern, die Verwandlung des anderen in einen Bruder oder in eine Schwester, die vom Geist Jesu erfüllt sind. An anderer Stelle im Römerbrief kommt Paulus nochmals auf die Beziehung zwischen Geduld und Hoffnung zu sprechen: »Bedrängnis bewirkt Geduld, Geduld aber Bewährung, Bewährung Hoffnung. Die Hoffnung aber lässt nicht zugrunde gehen; denn die Liebe Gottes ist ausgegossen in unsere Herzen durch den Heiligen Geist, der uns gegeben ist.« (Römer 5,3–5) Die Hoffnung auf die Verwandlung des Bruders oder der Schwester hat ihren Grund in der Liebe, die schon in unsere Herzen ausgegossen ist durch den Heiligen Geist, auch in die Herzen der Brüder und Schwestern. Die Hoffnung hofft auf das, was sie noch nicht sieht. Im lästigen Bruder und in der lästigen Schwester sehe ich noch nichts von Liebe. Aber das geduldige Ertragen ist von der Hoffnung genährt, dass auch in den anderen ein guter Kern ist, dass in den anderen die Sehnsucht nach Liebe ist, ja dass die Liebe Gottes schon ausgegossen ist in ihre Herzen, auch wenn wir noch nichts davon merken. So ist das geduldige Ertragen der Lästigen durchaus ein geistiges und geistliches Werk der Barmherzigkeit, ein Werk, das aus der Kraft des Heiligen Geistes gespeist ist.

6. Denen, die uns beleidigen, gern verzeihen

Das deutsche Wort »beleidigen« kommt von dem alten Adjektiv »leid«, das »unangenehm, hässlich, widerwärtig, betrübend« bedeutet. Beleidigen meint also: kränken und verletzen und betrüben. Vieles kann uns beleidigen und uns Leid zufügen. Es kann ein kränkendes Wort sein, das alte Wunden in uns aufreißt. Jeder von uns hat seine empfindliche Stelle. Der Beleidiger hat oft ein feines Gespür dafür, was unsere Schwachstelle ist. In die lässt er sein verletzendes Wort fallen, damit die alte Wunde wieder zu schmerzen beginnt. Beleidigen kann auch ein Übergehen sein. Der andere beachtet uns gar nicht. Er tut so, als ob wir Luft seien. Wer uns beschimpft, schlecht über uns redet, wer uns vor anderen lächerlich macht, wer uns widerwärtig und unfair behandelt, wer uns entwertet, indem er uns links liegen lässt, der beleidigt uns. Im Deutschen denken wir oft nicht an den, der uns beleidigt, sondern an den, der beleidigt ist. Und manchmal schieben wir ihm die Schuld zu, dass er auf unsere doch harmlos gemeinten Worte beleidigt reagiert. Wir sprechen von einer beleidigten Leberwurst und meinen damit einen Menschen, der auf unser Verhalten, von dem wir meinen, dass es korrekt war, beleidigt reagiert. Doch dem anderen die Schuld zuschieben, dass er beleidigt ist, ist eine subtile Art von Beleidigung. Der andere kann sich gar nicht dagegen wehren.

Ganz gleich, ob ein anderer mich beleidigt hat oder ob ich auf seine Worte oder sein Verhalten beleidigt reagiere, das 6. Werk der Barmherzigkeit fordert mich auf, denen, die mich beleidigen, gern zu verzeihen. Das Wort »verzeihen« kommt von »zeihen« = beschuldigen, anschuldigen, anzeigen. Verzeihen bedeutet dann: Verschuldetes nicht anrechnen, einen Anspruch auf Wiedergutmachung aufgeben. Im Deutschen verwenden wir fast gleichbedeutend die beiden Worte »verzeihen und vergeben«. Vergeben hat jedoch eine etwas andere Bedeutung. Es meint: weggeben, erlassen, wegschicken. Aber es kann auch bedeuten: austeilen, verschenken, unrichtig austeilen, falsch geben. Hinter dem Wort »vergeben« steckt die Vorstellung, dass man dem anderen etwas gibt, was man eigentlich von ihm zu erwarten hätte, was ihm also gar nicht zusteht. Und es meint, dass ich den anderen wegschicke, dass ich also nicht ständig um die Verletzung kreise, die er mir zugefügt hat, sondern sie einfach weggebe, bei ihm lasse, mich davon befreie.

Jesus fordert uns immer wieder auf, dem Bruder und der Schwester zu vergeben. Im Vaterunser beten wir täglich: »Vergib uns unsere Schuld, wie auch wir vergeben unseren Schuldigern.« Und Jesus deutet diese Bitte: »Denn wenn ihr den Menschen ihre Verfehlungen vergebt, dann wird euer himmlischer Vater auch euch vergeben. Wenn ihr aber den Menschen nicht vergebt, dann wird euch euer Vater eure Verfehlungen auch nicht vergeben.« (Matthäus 6, 14f.) Im 18. Kapitel des Matthäusevangeliums, der so genannten Gemeinderegel, in dem Matthäus Jesusworte zusammengestellt hat, die das Miteinander in der Gemeinde im Blick haben, ist die Vergebung ein zentrales Thema. Petrus fragt Jesus: »Herr, wie oft muss ich meinem Bruder vergeben, wenn er sich gegen mich versündigt? Siebenmal?« Jesus sagte zu ihm: »Nicht siebenmal, sondern siebenundsiebzigmal.« (Matthäus 18,21f.) Petrus meint, er sei schon großzügig, wenn er dem Bruder siebenmal vergeben würde. Die Pharisäer forderten ihre Jünger nur auf, zwei- bis dreimal zu vergeben. Doch Jesus genügt die Großherzigkeit des Petrus nicht. Er verlangt, ohne Begrenzung zu vergeben. Und er erzählt das Gleichnis vom Schalksknecht. Da ist ein Knecht, offensichtlich ein Statthalter, der seinem König zehntausend Talente schuldet. Das ist damals eine unendlich große Summe. Das gesamte Steueraufkommen von Galiläa betrug nur 900 Talente. Diese Summe konnte man also unmöglich zurückzahlen. Der König ist barmherzig und erlässt seinem Diener die Schuld. Doch als der einen anderen Diener trifft, der ihm 100 Denare schuldet, hat er kein Mitleid, sondern lässt ihn ins Gefängnis werfen. Jesus arbeitet hier mit der Größe und Kleinheit der Schuld. Der eine schuldet in heutiger Währung 40 Millionen Euro, der andere nur 40 Euro. Der König erlässt die 40 Millionen. Doch der, dem alle Schuld vergeben wurde, möchte die 40 Euro von seinem Mitknecht unbedingt eintreiben. Der Herr wird wütend und lässt den Diener, dem er alles erlassen hatte, ins Gefängnis werfen. Und Jesus schließt das Gleichnis: »Ebenso wird mein himmlischer Vater jeden von euch behandeln, der seinem Bruder nicht von ganzem Herzen vergibt.« (Matthäus 18,35) Die christliche Gemeinde kann also nur bestehen, wenn die Brüder und Schwestern einander vergeben. Vergebung ist die Bedingung des Miteinanders in der Familie, der Gemeinde und auch in einer Firma.

Doch wie geht das: von ganzem Herzen vergeben? Für mich ist es wichtig, die Vergebung auch psychologisch richtig zu verstehen. Ich kenne Christen, die vergeben möchten, aber innerlich doch noch voller Groll sind. Sie haben dann ein schlechtes Gewissen. Sie möchten vergeben, aber sie können es nicht. So fühlen sie sich von Neuem schuldig. Vergebung geschieht für mich in vier

Schritten. Wir können gar nicht sofort vergeben. Wir müssen erst die anderen Schritte tun, damit der vierte Schritt der Vergebung gelingt. Der erste Schritt besteht darin, den Schmerz nochmals zuzulassen. Ich darf die Beleidigung des anderen nicht verharmlosen oder zu schnell entschuldigen: »Er hat es ja nicht so böse gemeint.« Ganz gleich, wie er es gemeint hat: Mir hat es weh getan. Ich überspringe meinen Schmerz nicht, sondern schaue ihn nochmals an und fühle mich in ihn hinein. Der zweite Schritt besteht darin, die Wut zuzulassen. Die Wut ist die Kraft, den, der mich beleidigt hat, aus mir herauszuwerfen. Ich schaffe eine gesunde Distanz zu ihm. Wenn ich das Messer des Beleidigers noch in meiner Wunde belasse, dann gelingt Vergebung nicht. Sie wäre höchstens ein masochistisches Wühlen in meiner Wunde. Die Wut wirft mit Kraft das Messer aus mir heraus. Nur dann kann die Wunde heilen. Ich brauche erst Abstand zu dem, der mich beleidigt hat. Dann komme ich zu mir. Und ich kann die Wut auch in Kraft verwandeln: »Ich lasse mich vom Beleidiger nicht kaputtmachen. Ich kann selber leben. Ich habe es nicht nötig, von ihm anerkannt zu werden. Ich trage meine Würde in mir selbst. Ich bin nicht von sei-

ner Beurteilung abhängig.« Nur wenn ich diese Distanz
spüre, kann ich den dritten Schritt vollziehen. Er würde
bedeuten, dass ich objektiv anschaue, was bei der Beleidigung geschehen ist. Hier geht es darum, die Beleidigung, den Beleidiger und mich selbst als Beleidigten
zu verstehen, ohne zu bewerten. Ich schaue nochmals
an, wie die Beleidigung abgelaufen ist. Hat der andere
nur seine eigene Unzufriedenheit oder seine eigene Verletzung weitergegeben? Haben seine Worte, ohne dass
er es wusste, mich so tief verletzt, weil sie meine alte
Wunde aufgerissen haben? Ich entschuldige nicht, aber
ich beschuldige auch nicht. Ich versuche nur, zu verstehen. Und nur wenn ich mich selbst verstehen kann,
höre ich auf, mir Vorwürfe zu machen, dass ich nicht
vergeben kann oder dass ich immer noch so empfind-
lich bin. Erst nach diesen drei Schritten dann kommt
der vierte Schritt: die eigentliche Vergebung. Vergebung ist dabei ein aktives Tun. Ich befreie mich von der
Macht des anderen, der mich beleidigt hat. Und ich befreie mich von der negativen Energie, die durch die Beleidigung des anderen noch in mir ist. Wenn ich nicht
vergeben kann, bin ich noch an den andern gebunden.
Ich lasse meine Stimmung noch von ihm bestimmen. In

der Vergebung reiße ich mich los von der Bindung an den andern. Ich lasse ihn sein, wie er ist. Ich gebe ihn weg. Das bedeutet nicht, dass ich ihm gleich um den Hals falle. Es kann durchaus sein, dass ich noch längere Zeit des Abstands brauche, damit die Vergebung sich in mir durchsetzen kann, dass sie nicht nur ein Akt des Willens bleibt, sondern auch in mein Herz dringt.

Wir sollen dem anderen nicht nur mit zusammenge-bissenen Zähnen verzeihen, sondern gern. Das wider-spricht uns. Denn wie soll ich dem, der mich tief ver-letzt hat, gerne verzeihen? Gemeint ist, dass ich im Innersten überzeugt bin, dass es für mich und für den andern besser ist zu vergeben, als die Schuld nachzu-rechnen. Gerne heißt, dass ich mit ganzem Herzen vergeben möchte. Es braucht oft lange, bis die Verge-bung ins Herz rutscht. Eine Frau erzählte mir, dass sie ihrem Vater, der sie sexuell missbraucht hat, nach lan-ger Therapie endlich vergeben konnte. Und sie war froh, dass sie diesen Schritt geschafft hat. Doch als sie ihren Vater wieder einmal besuchte, reagierte ihr Körper mit Erbrechen. Sie konnte die Nähe des Vaters nicht aus-halten. Sie war enttäuscht und hatte Schuldgefühle. Sie meinte, offensichtlich hätte sie ihrem Vater doch noch nicht vergeben. Ich versuchte ihr zu vermitteln, dass sie sich keine Vorwürfe machen solle. Sie wollte dem Vater vergeben. Und sie hat es auch schon mit dem Willen und mit dem Verstand getan. Aber bis die Vergebung in das Herz rutscht und bis es den ganzen Körper durchdrungen hat, braucht es Zeit. Wir müssen Geduld mit uns selber haben, damit wir uns da nicht überfordern. Wenn sie dem Vater immer wieder zu verzeihen versucht, wird die Vergebung irgendwann einmal so tief in sie eindringen, dass sie auch seine Nähe ertragen kann. Solange der Körper rebelliert, soll sie das auch ernst nehmen und sich demütig eingestehen, dass sie zwar vergeben hat, dass sie aber sich selbst noch schützen muss, bis die Vergebung sie ganz und gar durchdrungen hat. Wir können dem andern nur vergeben, wenn wir auch uns selbst vergeben. So ist die Vergebung dem, der uns beleidigt hat, ein Akt der Barmherzigkeit ihm und uns selbst gegenüber.

7. FÜR LEBENDE UND TOTE BETEN

Für viele Menschen ist Beten und Tun ein Gegensatz. Sie meinen, statt für den andern zu beten, sollte ich ihm lieber helfen und selbst Hand anlegen, um seine Situation zu verbessern. Nur wenn ich nichts mehr für den andern tun kann, bliebe das Gebet übrig. Doch das Gebet für die andern ist mehr als Ersatz für das Handeln. Sich für den andern einsetzen und für ihn beten, das gehört zusammen. Ohne Gebet wird das Handeln oft blind. Aber umgekehrt gilt auch: Wenn wir das Beten als Alibi für unser eigenes Engagement verstehen, verliert unser Beten seinen Wert. Beten und Arbeiten (ora et labora), Kampf und Kontemplation, Mystik und Politik gehören zusammen. Unser Beten muss auch einmünden in ein neues Verhalten. Sonst bleiben wir im Beten für den andern nur bei uns. Matthäus hat uns diese Einheit von Gebet und neuem Verhalten in der Bergpredigt gezeigt. In der Mitte der Bergpredigt steht das Vaterunser. Die Bergpredigt legt das Vaterunser aus. Wir können nicht zu Gott als unserem Vater beten, ohne dass wir ein neues Verhalten zu unseren Brüdern und Schwestern einüben. Aber umgekehrt gilt auch: Wir sind unfähig, die Bergpredigt zu erfüllen, wenn wir nicht immer wieder im Gebet die Erfahrung machen dürfen, dass wir als Söhne und Töchter Gottes bedingungslos geliebt sind.

Wie sieht das Gebet für den andern aus und wie wirkt es? Für den anderen beten heißt nicht, dass ich Gott bitte, er solle den andern so ändern, wie ich ihn gerne haben möchte. Er soll endlich vernünftig werden. Er soll einsehen, dass ich Recht habe. Er soll auf den richtigen Weg kommen, wobei ich definiere, was richtig und falsch ist. Ein solches Beten wäre kein Gebet für den anderen, sondern eher ein Gebet gegen ihn. Gott möge ihn so formen, wie wir es gerne hätten. Das wahre Gebet für den anderen würde für mich bedeuten: Ich beschäftige mich erst einmal mit dem andern. Ich spüre mich in ihn hinein: Wonach sehnt er sich? Worunter leidet er? Was bräuchte er? Was täte ihm gut? Und dann kann ich für ihn beten, dass Gott ihn segnen möge und ihm das schenke, was er am meisten braucht. Ich überlasse es Gott, was für den anderen gut ist. Ich kann mir immer wieder vorstellen, dass Gottes Geist und Gottes Liebe zu diesem Menschen hinströmen und ihn durchdringen. Dann kommt er mit sich und seiner Wirklichkeit, mit seinem innersten Kern und mit seiner Berufung in Berührung. So ein Gebet für den anderen schafft eine tiefe innere Verbindung. Ich spüre seine Nähe. Und ich spüre auch in mir Wohlwollen dem andern gegenüber.

Natürlich soll ich für andere beten, wenn sie in Not sind, vor einer schweren Prüfung, vor einer wichtigen Reise, in einer Krankheit, vor einer Operation, vor einem entscheidenden Gespräch. Ich darf Gott meine Wünsche sagen. Ich möchte, dass der andere gesund wird, dass er seinen Weg findet, dass er über die Verletzung hinwegkommt, dass die Operation gut gelingt und dass er oder sie wieder gesund wird. Aber bei allen Bitten überlasse ich es immer Gott und spreche: Dein Wille geschehe! Es ist nicht einfach, an die Wirkung des Gebetes zu glauben, wenn der geliebte Mensch trotz meines intensiven Betens stirbt, wenn das Gespräch nicht gelingt, obwohl ich darum gebetet habe. Ich kann dann nur vertrauen, dass das Gebet nicht ohne Wirkung bleibt. Es macht mich demütig und bereit, Gottes Willen zu akzeptieren.

Für den andern beten heißt nicht, mal eine kurze Fürbitte zu sprechen. Ich kann für den anderen beten, indem ich intensiv an ihn denke und immer wieder Gott
bitte: »Herr, segne ihn, segne sie, schenke ihm/ihr dein
Heil.« Ich kann auch den Rosenkranz für den anderen beten. Dann bin ich eine halbe Stunde im Gebet
mit dem andern beschäftigt und denke vor Gott an ihn.
Psalmen für den anderen zu beten, ist für uns Mönche
ein wichtiger Weg der Fürbitte. In den Psalmen können wir uns Situationen der Menschen, für die wir beten, sehr konkret vorstellen. Denn sie schildern uns in
vielen Bildern, wie es dem geht, dem das Wasser bis
an die Kehle geht, der in der Grube versinkt, der von
Feinden bedrängt wird. Wenn wir die Psalmen für einen anderen beten, halten wir in diesen Bildern ihn und
seine Situation Gott hin, damit er sie verwandeln möge.
Für mich ist es auch ein guter Weg, für einen anderen
Menschen das Jesusgebet eine halbe Stunde lang zu beten: »Herr Jesus Christus, Sohn Gottes, erbarme dich
seiner/ihrer!« Eine intensive Weise, für den andern zu
beten, ist es, das Beten mit Fasten zu verbinden. Dann
spüre ich den anderen nicht nur im Kopf oder Herzen,
sondern auch in meinem Leib. Ich bete dann mit dem

ganzen Leib zu Gott. Und ich halte den anderen in meinem Fasten in die Liebe Gottes.

Manche haben Probleme mit der Wirkung des Bittgebetes. Sie meinen, Gott würde sich nicht ändern. Und: Wenn Gott weiß, was für den andern gut ist, dann müsste er es auch tun, ganz gleich, ob wir für ihn beten oder nicht. Zunächst möchte ich ein paar psychologische Hinweise auf die Wirkung des Gebetes geben. Wenn ich für den anderen bete, sehe ich ihn anders. Ich bekomme neue Hoffnung für ihn. Manchmal fällt mir dann im Gebet für den anderen ein, was ich ihm sagen oder schreiben sollte. Meine hoffnungsvollere Sicht des anderen wird ihm helfen, dass er selber Hoffnung schöpft. Ich werde ihm anders begegnen und ihm ein neues Verhalten ermöglichen. Eine andere Wirkung des Gebetes: Wenn ich einer Frau sage: »Ich bete für dich«, dann wird sie sich von meinem Gebet getragen fühlen. Ich kenne viele Menschen, die mich bitten, für sie zu beten. Und wenn ich es ihnen verspreche, dann fühlen sie sich nicht allein, sondern von meinem Gebet getragen. Letztlich fühlen sie sich von Gott getragen. Eine andere Dimension, die wir heute leicht verstehen können: Das Gebet erzeugt ein Feld, das die Voraussetzungen des anderen verändert. Oder wir können sagen: Durch das Gebet entstehen positive Schwingungen, die auch den anderen erreichen. Wir wissen heute durch die moderne Physik, dass die ganze Welt im Innersten miteinander verbunden ist. Das Gebet aber wirkt in dieser inneren Verbundenheit. Denn wenn durch mein Gebet in meinem Herzen mehr Licht entsteht, dann wird es auch für den anderen heller. Das Gebet bewirkt in der Tiefe mehr Licht, mehr Liebe, mehr Hoffnung und Zuversicht für mich und für die, für die ich bete.

Doch über diese psychologische und menschliche Dimension hinaus dürfen wir sagen, dass das Gebet auf eine Weise wirkt, die wir nicht mehr beschreiben können. Wir dürfen vertrauen, dass das Gebet nicht einfach ein psychologischer Trick ist, damit ich mehr Hoffnung empfinde. Ich bete vielmehr in dem Vertrauen, dass Gott mein Gebet erhört, dass er am andern handelt. Wie Gott am anderen handelt, das wiederum kann ich letztlich nicht beschreiben. Vielleicht verändert er seine Gedanken und Gefühle. Vielleicht schickt er ihm einen Engel, der ihm im richtigen Augenblick den richtigen

Rat gibt oder ein Wort sagt, das ihm weiter hilft. Wir beten, weil wir darauf vertrauen, dass Gott unser Gebet erhört und dass Gott dem andern helfen kann. Aber wir wissen, dass wir Gott durch unser Gebet nicht zu einem Wirken in unserem Sinn zwingen können. Wir müssen es immer wieder auch Gott überlassen, wie er auf unser Gebet reagiert. Die Mönche auf dem Berg Athos sind überzeugt, dass die Welt nur deshalb noch nicht ins Chaos versunken ist, weil überall auf der ganzen Welt Menschen beten. Das Gebet – das ist eine Überzeugung vieler Religionen – trägt diese Welt und bewahrt uns vor dem Untergang.

Das siebte geistige Werk der Barmherzigkeit meint auch, dass wir für die Verstorbenen beten. Was bedeutet es, für die Verstorbenen zu beten? Sie sind doch schon bei Gott. Hat es da Sinn, für sie zu beten? Zunächst ist das Gebet für die Verstorbenen Ausdruck unserer Verbundenheit mit ihnen. Wir erweisen ihnen durch unser Gebet einen letzten Dienst. Wir beten für sie, dass im Tod der Übergang zu Gott gelingt, dass sie sich sterbend in Gottes Liebe hinein ergeben. Wir wissen nicht, wie lange der Übergang zu Gott dauert. In der katholi-

146

schen Tradition gibt es das Sechswochenamt. Man betet sechs Wochen lang für den Verstorbenen. Dann feiert man Eucharistie als Feier der Gemeinschaft mit dem Verstorbenen. In der Eucharistie wird die Grenze zwischen Himmel und Erde, zwischen Leben und Tod aufhoben. Da dürfen wir die Gemeinschaft mit den Verstorbenen erfahren. Die Fürbitte für die Verstorbenen mündet in der Eucharistiefeier in ein Gedenken an die Verstorbenen. Wir erfahren in der Eucharistie die Gemeinschaft mit ihnen.

Wir fragen uns, was die Botschaft ist, die die Verstorbenen durch ihr Leben und Sterben an uns richten. Auch in anderen Religionen gibt es die Erfahrung dieser sechs Wochen. Im tibetischen Totenbuch begleitet man den Verstorbenen noch 40 Tage nach seinem Tod durch Gebet und Rituale, um dem Toten den Übergang ins Nirvana, in die ewige Seligkeit, zu erleichtern. Wir können letztlich nicht sagen, ob der Sterbeprozess 40 Tage dauert oder ob diese 40 Tage stärker psychologisch vom Abschied nehmenden Menschen aus verstanden werden sollen. Dann würde es bedeuten, dass wir 40 Tage brauchen, um durch unser intensives Fürbittgebet für den Verstorbenen das Vertrauen zu gewinnen, dass er nun bei Gott ist und im Frieden mit sich und Gott die ewige Seligkeit lebt.

In katholischen Kreisen ist es üblich, auch am Jahrestag eine heilige Messe für den Verstorbenen zu feiern. Und manche geben viel Geld aus, um möglichst viele Messen für die Verstorbenen feiern zu lassen. Bei dieser Art und Weise, für die Verstorbenen zu beten, sollen wir uns auf der einen Seite vor dem Leistungsdruck hüten, als ob wir durch die Menge des Gebetes oder des Geldes, das wir für Messen ausgeben, die Seele schneller in den Himmel bringen. Auf der anderen Seite sollten wir uns vom Pessimismus verabschieden, dass die meisten Seelen im Fegfeuer sind. Nach der Zeit der 40 Tage dürfen wir vertrauen, dass der Verstorbene in die Liebe Gottes hinein gestorben ist und sich dieser Liebe ergeben hat. Der Prozess solchen Sich-Ergebens in die reine Liebe Gottes, in der ich all die eigene Unreinheit und Dunkelheit schmerzlich erlebe, ist das, was wir mit Fegfeuer bezeichnen. Das Gebet nach den 40 Tagen ist mehr dazu da, mit dem Verstorbenen in Verbindung zu treten, die Gemeinschaft mit ihm zu spüren, ihn zu bitten, uns vom Himmel aus zu begleiten und für uns bei Gott Fürsprache einzulegen. Es ist ein sehr guter Brauch, am Jahrestag des Verstorbenen eine Messe zu feiern, zu der die Familienangehörigen zusammenkommen. Dann werden sie in dieser Eucharistiefeier auf besondere Weise die Verbundenheit mit dem Verstorbenen spüren. Und das Vertrauen wird wachsen, dass der Verstorbene bei Gott ist, in seiner Herrlichkeit, und dass wir durch den Blick auf den Himmel den richtigen Maßstab finden, hier auf dieser Welt zu leben. Das Gebet für die Verstorbenen ist nicht nur ein Liebesdienst an ihnen, sondern auch Ausdruck der Verbundenheit mit ihnen, Ausdruck des Glaubens, dass die Liebe stärker ist als der Tod, dass der Tod unsere Liebe zum Verstorbenen nicht zerstören, sondern nur verwandeln kann.

So ist das siebte Werk der Barmherzigkeit, für die Lebenden und Verstorbenen zu beten, ein Dienst der Liebe an den Menschen. Wir drücken unsere Liebe zum anderen im Gebet aus und vertrauen darauf, dass durch unser Gebet Gottes Liebe heilsam in dem Menschen wirkt, für den wir beten. Und wir drücken im Gebet für die Verstorbenen aus, dass wir sie in ihrem Sterbepro-

zess nicht alleinlassen, sondern sie mit unserer Liebe
begleiten. Und wir drücken aus, dass die Verbundenheit
der Liebe über den Tod hinaus bleibt. Gabriel Marcel,
der französische Philosoph, sagte einmal: »Lieben, das
heißt zum andern zu sagen: Du, du wirst nicht sterben.«
Wir vergessen die Toten nicht, sondern halten im Gebet ihr Andenken wach. Und die Toten werden uns zur
Erinnerung an den eigenen Tod. Sie verweisen uns auf
Gott, der das letzte Ziel unseres Lebens ist.

SCHLUSS

Die christliche Tradition liebt die Zahl Vierzehn. Es gibt vierzehn Kreuzwegstationen und vierzehn Nothelfer. Vierzehn ist eine heilende Zahl. In Babylon gab es vierzehn heilende Götter. Und für den hl. Augustinus verweist uns die Zahl Vierzehn auf Tod und Auferstehung Jesu, die unser Leben verwandelt und geheilt haben. Denn am vierzehnten Nisan ist Jesus gestorben. Die vierzehn Werke der Barmherzigkeit sind Ausdruck der heilenden Dimension unseres Glaubens. Durch diese Werke soll die heilende und erlösende Liebe Jesu Christi durch uns in diese Welt hineinströmen. Die Erlösung ist ein für allemal in Jesus Christus geschehen. Aber die Autoren des Neuen Testaments sind überzeugt, dass die Erlösung durch Jesus Christus durch die Verkündigung und durch das Wirken der Jünger Jesu in diese Welt hineinströmt und in ihr gegenwärtig wird. Gerade der Evangelist Matthäus schreibt sein Evangelium für die kirchliche Gemeinde, damit in ihr das Heil Jesu Christi für alle Menschen sichtbar und erfahrbar wird. Die Jünger Jesu sollen Salz der Erde und Licht der Welt sein, damit das Licht Jesu durch sie die Men-

schen erleuchtet. Als Jesus in Galiläa auftrat, da erfüllte
sich für Matthäus die Verheißung des Propheten Jesaja:
»Das Volk, das im Dunkel lebte, hat ein helles Licht gesehen; denen, die im Schattenreich des Todes wohnten,
ist ein Licht erschienen.« (Matthäus 4,16) Das Licht,
das in Jesus aufgeleuchtet ist, soll durch seine Jünger
in dieser Welt weiterstrahlen. Jesus sagt den Jüngern:
»Ihr seid das Licht der Welt. Eine Stadt, die auf einem
Berg liegt, kann nicht verborgen bleiben. Man zündet
auch nicht ein Licht an und stülpt ein Gefäß darüber,
sondern man stellt es auf den Leuchter; dann leuch-
tet es allen im Haus. So soll euer Licht vor den Menschen leuchten, damit sie eure guten Werke sehen und
euren Vater im Himmel preisen.« (Matthäus 5,14–16)
Die vierzehn Werke der Gerechtigkeit sollen das Licht
Jesu Christi in dieser Welt aufleuchten lassen, damit
die Menschen Gott preisen. Die Christen wollen sich
also nicht durch die Werke beweisen, weder vor Gott
noch vor den Menschen, sondern sie wollen den Auftrag Jesu erfüllen und sein Licht in die Welt hinein tragen.

Bei den vierzehn Werken der Barmherzigkeit geht es nicht darum, dass wir uns durch Werke das Heil erwerben können. Die christliche Tradition war sich immer bewusst, dass das Heil von Jesus Christus kommt und dass wir durch den Glauben gerechtfertigt werden. Aber mit Matthäus und mit Jakobus hat die Kirche immer daran festgehalten, dass der Glaube ohne Werke kein wirklicher Glaube ist. Der Glaube muss sich auch in einem neuen Verhalten ausdrücken. Auch Jakobus, der so auf die guten Werke pocht, weiß: »Jede gute Gabe und jedes vollkommene Geschenk kommt von oben, vom Vater der Gestirne.« (Jakobus 1,17) Aber zugleich fordert er die Christen auf: »Hört das Wort nicht nur an, sondern handelt danach, sonst betrügt ihr euch selbst. Wer das Wort nur hört, aber nicht danach handelt, ist wie ein Mensch, der sein eigenes Gesicht im Spiegel betrachtet: Er betrachtet sich, geht weg, und schon hat er vergessen, wie er aussah. Wer sich aber in das vollkommene Gesetz der Freiheit vertieft und an ihm festhält, wer es nicht nur hört, um es wieder zu vergessen, sondern danach handelt, der wird durch sein Tun selig sein.« (Jakobus 1,22–25) Wir erlangen das Heil durch den Glauben und nicht durch die Werke.

Aber nur wenn unser Glaube sich auch in Werken der Barmherzigkeit ausdrückt, werden wir selig sein. Selig sein heißt nicht: das Heil erwerben, sondern glücklich sein, im Einklang mit sich selbst sein. Wir dürfen die Werke der Barmherzigkeit nicht moralisierend sehen.

Mir ist es ein wichtiges Anliegen in diesem Buch, den Leserinnen und Lesern kein schlechtes Gewissen zu vermitteln, wenn sie nicht alle Werke der Barmherzigkeit erfüllen. Es geht vielmehr darum, einen Weg aufzuzeigen, wie sie ihren Glauben ausdrücken können, und einen Weg, auf dem sie selig werden, der ihnen letztlich selbst guttut, auf dem sie inneren Frieden erfahren. Jakobus spricht hier von »makarios = glücklich, selig«. Es ist das Glück, das in Griechenland den Göttern vorbehalten war. Die Werke der Barmherzigkeit sind im Sinn des Jakobusbriefes ein Weg zum Glück. Sie bewirken nicht nur Gutes bei denen, denen ich Barmherzigkeit erweise, sondern machen mich selbst innerlich zufrieden. Ich darf dankbar wahrnehmen, dass durch mich ein Mensch wieder mehr Mut zum Leben findet, dass sein Weg ihn wieder in die Hoffnung, in das Vertrauen, in die Liebe und zum Glück führt.

Barmherzigkeit ist das große Thema im Matthäusevangelium. Jesus ist der barmherzige Heiland. Er handelt an uns barmherzig. Jesus lehrt uns, wie wir mit uns selbst barmherzig umgehen und wie wir anderen Barmherzigkeit erweisen können. In seiner Gerichtspredigt zeigt er uns, dass wir von Gott daran gemessen werden, ob wir Hungrige gespeist, Durstige getränkt, Fremde aufgenommen, Nackte bekleidet, Kranke besucht und zu den Gefangenen gegangen sind. Wir tun uns heute schwer mit dem Bild des Gerichts. Das hat in der Vergangenheit vielen Menschen Angst gemacht. Doch Jesus will mit seiner Gerichtspredigt keine Angst verbreiten, sondern uns zur Entschiedenheit, zur Offenheit und zur Solidarität mit den Menschen aufrufen. Er will uns mit dem Bild des Gerichts ausrichten auf Gott, damit wir richtig und aufrecht leben. Die Werke der Barmherzigkeit richten uns aus auf Gott und auf die Menschen, in denen uns Christus selbst begegnet. Jesus will uns die Augen öffnen, damit wir hier und jetzt so leben, dass sein Geist der Barmherzigkeit uns durchdringt. Dann gehen wir barmherzig mit uns und den Menschen um und erfahren gerade so – wie es Jakobus ausgedrückt hat –, dass wir selig sind durch unser richtiges Tun, dass wir Glück erfahren, indem wir andere glücklich machen, dass wir gut mit uns umgehen, indem wir anderen Gutes tun, dass wir das Geheimnis Jesu Christi immer mehr entdecken, indem wir seinen Brüdern und Schwestern Barmherzigkeit erweisen und in ihnen Christus selbst begegnen, der für uns die Quelle allen Heils und aller Barmherzigkeit ist.

LITERATUR

Barmherzigkeit, in TRE 5, Berlin 1980. I. Altes Testament, von Horst Dietrich Preuß 215-224; II. Neues Testament, von Ehrhard Kamlah 224-228.

Walter Dirks, Barmherzigkeit. Ermutigung zu einer unzeitgemäßen Tugend, Mainz 1992.

Anselm Grün, Vergib dir selbst, Münsterschwarzach 1999.

Franz Hengsbach, Löscht den Geist nicht aus! Die geistlichen Werke der Barmherzigkeit, Köln 1989.

Gisela Hommel, Die Werke der Barmherzigkeit. Wer ist heute unser Bruder?, Freiburg 1981.

Ulrich Luz, Evangelium nach Matthäus III, Zürich-Neukirchen 1995.

Die Werke der Barmherzigkeit, hrsg. von Wilhelm Sandfuchs, Freiburg 1962.

Die 7 Werke der Barmherzigkeit, hrsg. von Joachim Wanke, Leipzig 2007.

REGISTER

A

Abgrenzen 126
Abschied nehmen 81, 84
Almosen 11
Althaus, Dieter 35
Amnesty international 62
Angst 67
Atheismus 108
Augustinus (Heiliger) 12, 110, 151
Ausgenutztwerden 32

B

Bauer, Josef Martin 14
Befreiungstheologie 8
Beleidigung/beleidigen 131–139
Benedikt (Heiliger) 55 f., 127
Benenson, Peter 62
Bergpredigt 124
Berufung, innerste 86
Bestattungen, anonyme 81
Beten/Gebet 77, 140–150
Brotvermehrung 34

D

Dante Alighieri 112
Demut 55

Depression/depressiv 67 f., 77 ff.
Dulden 128 *siehe auch* Geduld
Durst 39–44

E

Eich, Günter 98
Elisabeth von Thüringen (Heilige) 12, 14, 29
Erdulden 129 *siehe auch* Geduld
Ertragen 129
Eucharistie(feier) 35, 83, 147

F

Falken, Herbert 64 f.
Fegfeuer 148
Fried, Erich 106
Fürbitte 143

G

Gastfreundschaft 38, 51–59
Gebet/Beten 77, 140–150
Geduld 123–131
Gefängisse/Gefangene 61–68, 70
Gemeinderegel 92, 134
Gewand 49 f.
Glaubenswissen 102

Globalisierung 30
Glück 154, 156
Goes, Albrecht 14
Gogh, Vincent van 75
Görres, Ida Friederike 104
Großherzigkeit 134
Gutièrrez, G. 9

H
Hello, Ernst 104
Herodes 54
Hoffnung 113 f., 130, 144 f.
Hommel, Gisela 75

I
Ich-Botschaft(en) 93 f.
Irrtum/Sünde 91

J
Josef von Arimathäa 86, 88

K
Kant, Immanuel 8
Karrer, Otto 14
Kierkegaard, Sören 112
Krankenbesuche 69–79

L
Lactantius 10
Lebensfreude 65
Lehren 99–105
Liebeswerke 11

M
Makarius 12
Marcel, Gabriel 113, 150
Martin (Heiliger) 44 f.
Moralisieren 15
Mörike, Eduard 75
Mut 94 f.
Mutter Teresa von Kalkutta
     106

N
Nirvana 147

O
Origenes 11
Ovid 9

P
Pambo, Altvater (4. Jh.) 24
Petrus von Nolaskus 61
Pieper, Josef 112
Psalmen 143
Psychose 77 f.

R
Raimund von Peniaforte
     61
Rat(schlag)/raten 110,
     146
Reformationszeit 13
Rinser, Luise 14
Rosenkranz 143

S
Salazar, António de Oliveira 62
Schaper, Edzard 14
Schneider, Reinhold 14, 76 f.
Schuld 138
Selbstvertrauen 46
Selbstwertgefühl 46
Sokrates 100
Sozialisation, religiöse 104
Stein, Edith (Heilige) 110
Sterbeprozess 149 f.
Sünde/Irrtum 91

T
Talmud 11
Taufe 49
Teresa (Heilige) 110
Therese von Lisieux 108
Thomas von Aquin (Heiliger) 12, 35
Ticks 68 *siehe auch* Zwänge
Tillich, Paul 9
Tote/Verstorbene 79–88, 146 ff.
Totenkulte 80
Trauer/Trauernde 114–123
Treue 116
Trost 116 f.
Trostbecher 118

U
Unrecht 123 f.

V
Vaterunser 133
Verantwortung 33
Vergebung/vergeben 133, 135–138
Verstorbene/Tote 79–88, 146 ff.
Verzeihen 131–139
Verzweiflung 112 f.

W
Wanke, Joachim 14, 35
Wasser(vorräte) 36, 40
Wohlwollen 142
Wust, Peter 106
Wut 136

Z
Zahl, heilende 151
Zurechtweisung, brüderliche 94
Zwänge 67 f.
Zweifel 106–114